英・日・韓・中 ［対訳］

ビジネス会計 用語辞典

編著 **浦崎 直浩**
URASAKI Naohiro

著 **金 鐘勲**
KIM Jong-Hoon

都 相昊
DO Sangho

朱 愷雯
ZHU Kaiwen

路 暁燕
LU Xiaoyan

Comparative Business Accounting Dictionary
in English, Japanese, Korean, and Chinese

同文舘出版

はしがき

　本書は，次のような方々が研究や職務において広く利用することを想定して編集されたビジネス会計用語辞典である。

① 　学習上の利用：学部・大学院の学生が英語の専門書を読むときの英和辞典として役に立つ。また，上級レベルの韓国語・中国語を学習する方々にとって，専門用語の知識の蓄積とその発音の習得が可能となる。

② 　ビジネス上の利用：韓国・中国との取引実務担当者が契約書その他コレポン等を作成するときの辞書として使用できる。また，企業 Web サイトの韓国語・中国語ページを作成・修正するときに最新の用語について調べることができる。

③ 　専門知識を生かす場面での利用：各国の大学等に籍を置く研究者，公認会計士・税理士・弁護士・証券アナリストなどの専門職の方々，さらには金融機関・各種コンサルタント・行政機関・NPO 法人等の実務者が，3 国の会計基準，公式文書，法律等を参照して論文その他関係文書を作成するときの対訳用語辞典として活用できる。

　言うまでもなく，ネット上の対訳検索サイトと異なり，対訳語彙の全体をつぶさに把握できる点が紙面の書籍の強みである。

　本書の内容は，科学研究費・基盤研究（C）（一般）「対訳コーパスの開発に向けた日韓中英会計用語データベースの構築」（課題番号19K02030，研究期間2019年4月〜2023年3月）の研究成果に基づく信頼度の高いものとなっている。対訳コーパス（translation corpus）とは，言語学の研究や自然言語処理における機械翻訳の学習データとして利用するために構築された，異なる言語を対訳で集成したデータベース（語彙）を意味する。

　その研究課題は，対訳コーパスの開発に向けて，韓国・中国における商業簿記，工業簿記，原価計算，管理会計，財務会計，基準設定，租税，監査，企業経営，ファイナンス，マーケティング，貿易，法律，経済，その

他ビジネス一般に関する専門用語を収集し，それらの日本語および英語による用語と併せて対訳式の日韓中英会計用語データベースを構築することを目的として実施された基礎研究である。

その背景には，東アジア諸国における会計制度の比較研究を行う場合，例えば，日本・韓国・中国における基準書・公表文書・関連論文は，各国の言語が公式の用語であり，各国の研究者が他国の文献を読むことに限界があるという問題意識があった。

指摘するまでもなく，会計制度の国際比較を行うとき，英文ジャーナルにより各国の状況を知ることができる。しかし，母国語を英語に翻訳する過程において英語で通用するように言い換えや意訳がなされることがある。翻訳された英語表記から当該会計事象の元の言語表記を類推できないという難点がある。

付言すれば，各国の会計制度で採用されている専門用語は，その国の文化的・社会的要因と結びついて，独自の用語体系が築かれている。その一例が，取引である。取引は，韓国語で去來（거래，gorae），中国語で交易（jiāoyì）と表記される。同じ漢字文化圏でありながら，英語のtransactionに相当する表現が異なっている。

会計学の分野では，従来，日本語と英語の対訳については用語辞典等で研究の膨大な蓄積があるが，日本語，英語，中国語，台湾語，韓国語の会計用語に関する研究は，徳賀芳弘・蔡揚宗・崔鐘序・曲暁輝『日・英・中・台・韓5ヵ国語会計・会計学用語辞典』（税務経理協会，2013年）のみであった。

本書は，先行研究を参考にしつつ，学術研究やビジネス現場での利用を念頭に，日本語・韓国語の大学テキスト・ビジネス書，各国会計基準書，公表されたIFRS関連資料等から最新の用語までの収集を行い，4言語対訳の正確性・合理性に関する検討を重ね必要と判断した用語を残して上梓されたものである。

また，本書の共同研究は，筆者が研究代表者となり，専修大学・金鐘勲（KIM Jong-Hoon）先生ならびに沖縄大学・朱愷雯（ZHU Kaiwen）先生

を研究分担者として，また予てより交流のあった韓国啓明大学校の都相昊（도상호，DO Sangho）先生ならびに中国中山大学の路暁燕（LU Xiaoyan）先生を研究協力者に迎えて為しえたものである。本務ご多忙のなか，本研究の学術上の重要性をご理解いただき積極的に貢献された4名の研究者に心からの感謝の意を表したい。

　本研究の着想は，柴健次先生を研究代表者とする「会計リテラシーの普及と定着に関する総合的研究」（科学研究費・基盤研究A（一般），課題番号25245057，研究期間2013年〜2015年）に参加し，ソウル特別市に所在する中央大学校の全学部初年次必修教養科目「会計と社会」の調査から得られたものである。研究の機会をいただいた柴健次先生には記してお礼を申し上げたい。また，厦門大学管理学院の劉峰教授から中国概念フレームワーク等の関係資料を提供いただき，対訳コーパス研究の意義や方法について所属する経営学部の吉田幸治先生から，さらに対訳の疑問点等については同学部の中岡孝剛先生，千手崇史先生，辺成祐先生から，縷々とご教示を賜った。

　本書の起点となる韓国語と日本語の対訳単語帳を作成し始めてから8年以上の時間が経過した。対訳コーパスに関する研究は突き詰めるほど出口の見えないトンネルの中に閉じ込められた気分に陥ることがあったが，同文舘出版株式会社の青柳裕之氏には，出版事情の厳しい中，対訳コーパス研究の成果を公表する社会的価値を見出され，これまでの苦労が報われた思いである。また，本書の原稿の入稿から出版までの編集作業では，高清水純氏の献身的なお力添えを賜った。

　末筆になるが，本書が，東アジア諸国における学術研究やビジネスの交流発展に寄与し，会計制度の比較研究における相互理解がより一層高まることを願ってやまない。

　令和5年4月吉日

桜満開の陽春を愛でつつ

執筆者代表　浦崎直浩（近畿大学）

■本書の利用法

　本書は，英語（2641 語），日本語（2822 語），韓国語（2658 語），中国語（2727 語）のビジネス会計用語を対訳形式でふりがな・発音を付して集成したものである。4 言語の対訳の形式は，本書作成の紙幅の関係から，英語を基礎に他の 3 言語の対訳を併記する仕組みとなっている。日本語，韓国語，中国語の用語については，それぞれ五十音順，가나다順，ピンインのアルファベット順で索引を作成し，逆引きの方法で他言語の検索ができるように工夫した。

　本書は，下表の通り，5 類型が対訳の基本形となっている。類型①にあるように，基本的に 1 語につき 1 語の対訳をあてている。日本語で訳語が複数ある場合，それを列記し，それらに対応する韓国語と

対訳の類型表

類型	英語	日本語
①	transaction	取引 とりひき
②	accounting principles	会計原理 / 会計原則 かいけいげんり / かいけいげんそく
③	accounts receivable	受取勘定 / 売掛債権 うけとりかんじょう / うりかけさいけん
④	balance sheet	貸借対照表 たいしゃくたいしょうひょう
⑤	configuration of the cash flows	キャッシュ・フローの状況 きゃっしゅふろーのじょうきょう

中国語を順に対訳で示している（類型②）。日本語で訳語が複数ある場合であっても，韓国語・中国語で1語の対訳のケースが類型③である。英語に対応する訳語が韓国語に複数あり，日本語・中国語で1語の対訳のケースが類型④である。英語に対応する訳語が中国語に複数あり，日本語・韓国語で1語の対訳のケースが類型⑤である。その他に，日本語と中国語に複数の訳語があり韓国語は1語のみのケース（bribe 参照），ならびに日本語と韓国語に複数の訳語があり中国語は1語のみのケース（credit sales 参照）があるが表中の類型には含めていない。

韓国語	中国語
거래 gorae	交易 jiāoyì
회계원리 / 회계원칙 hwegyewolri/ hwegyewonchik	会计原理 / 会计原则 kuàijiyuánlǐ/kuàijiyuánzé
외상매출금 wesangmaechulgeum	应收账款 yīngshōuzhàngkuǎn
재무상태표 / 대차대조표 jaemusangtaepyo/daechadaejopyo	资产负债表 zīchǎnfùzhàibiǎo
현금흐름의 구성 hyongeumheureume gusong	现金流量状况 / 现金流量型态 xiànjīnliúliàngzhuàngkuàng/ xiànjīnliúliàngxíngtài

英・日・韓・中［対訳］
ビジネス会計用語辞典

– A –

ability to pay principal	元本返済能力 がんぽんへんさいのうりょく
abnormal return	異常リターン いじょうりたーん
absorption costing	吸収原価計算 きゅうしゅうげんかけいさん
accelerated depreciation method	加速償却法 かそくしょうきゃくほう
acceptance	検収 けんしゅう
accommodation note	融通手形 ゆうずうてがた
account	勘定 / 口座 かんじょう / こうざ
account title	勘定科目 かんじょうかもく
accountability	会計責任 / 説明責任 かいけいせきにん / せつめいせきにん
accounting	会計 かいけい
accounting arbitrage	会計裁定取引 かいけいさいていとりひき
accounting common sense	会計常識 かいけいじょうしき
accounting cycle process	会計循環過程 かいけいじゅんかんかてい
accounting department	会計部門 / 経理部門 かいけいぶもん / けいりぶもん
accounting equation	会計等式 かいけいとうしき
accounting estimates	会計上の見積り かいけいじょうのみつもり
accounting for consolidation	連結会計 れんけつかいけい
accounting income	会計利益 かいけいりえき
accounting information	会計情報 かいけいじょうほう

원금지급능력 wongeumjigeumneungnyok	本金偿还能力 běnjīnchánghuánnénglì
초과이익 / 비정상수익 chogwaiik/bijongsangsuik	超额报酬 chāoébàochóu
전부원가계산 jonbuwonkkagyesan	吸收成本法 xīshōuchengběnfǎ
가속상각법 gasokssanggakppop	加速折旧法 jiāsùzhéjiùfǎ
검수 gomsu	验收 yànshōu
융통어음 yungtongoeum	融通票据 róngtōngpiàojù
계정 / 계좌 gyejong/gyejwa	账户 zhànghù
계정과목 gyejonggwamuk	会计科目 kuàijikēmù
회계책임 hwegyechaegim	会计责任 kuàijìzérèn
회계 hwegye	会计 kuàiji
자의적인 회계처리 jaijogin hwegyechori	会计套利 kuàijìtàolì
회계상식 hwegyesangsik	会计常识 kuàijìchángshí
회계순환과정 hwegyesunhwangwajong	会计循环过程 kuàijìxúnhuánguòchéng
회계부서 hwegyebuso	会计部门 kuàijìbùmén
회계등식 hwegyedeungsik	会计等式 kuàijìděngshì
회계추정 hwegyechujong	会计估计 kuàijìgūjì
연결회계 yongyolhwegye	合并会计 hébìngkuàiji
회계이익 hwegyeiik	会计利润 kuàijìlìrùn
회계정보 hwegyejongbo	会计信息 kuàijìxìnxī

accounting literacy	会計リテラシー かいけいりてらしー
accounting mismatch	会計上のミスマッチ かいけいじょうのみすまっち
accounting model	会計モデル かいけいもでる
accounting period	会計期間 かいけいきかん
accounting policy	会計方針 かいけいほうしん
accounting principles	会計原理 / 会計原則 かいけいげんり / かいけいげんそく
accounting procedures	会計手続 かいけいてつづき
accounting profession	会計専門家 かいけいせんもんか
accounting profit	会計上の利益 かいけいじょうのりえき
accounting record	会計記録 かいけいきろく
accounting reports	会計報告書 かいけいほうこくしょ
accounting standards	会計基準 かいけいきじゅん
accounting system	会計制度 かいけいせいど
accounting transaction	会計上の取引 かいけいじょうのとりひき
accounting treatment	会計処理 かいけいしょり
accounting year	会計年度 かいけいねんど
accounts payable	買掛金 / 買掛債務 / 支払勘定 かいかけきん / かいかけさいむ / しはらいかんじょう
accounts receivable	受取勘定 / 売掛債権 うけとりかんじょう / うりかけさいけん
accounts receivable turnover	売掛金回転率 / 売掛債権回転率 うりかけきんかいてんりつ / うりかけさいけんかいてんりつ
accrual basis	発生主義 はっせいしゅぎ
accrual-basis accounting	発生主義会計 はっせいしゅぎかいけい

회계교양 hwegyegyoyang	会计素养 kuàijìsùyǎng
회계불일치 hwegyeburilchi	会计错配 kuàijìcuòpèi
회계모형 hwegyemohyong	会计模式 kuàijìmóshì
회계기간 hwegyegigan	会计期间 kuàijìqījiān
회계정책 hwegyejongchaek	会计政策 kuàijìzhèngcè
회계원리 / 회계원칙 hwegyewolri/hwegyewonchik	会计原理 / 会计原则 kuàijìyuánlǐ/kuàijìyuánzé
회계절차 hwegyejolcha	会计程序 kuàijìchéngxù
회계전문가 hwegyejonmunga	会计职业 kuàijìzhíyè
회계이익 hwegyeiik	会计利润 kuàijìlìrùn
회계기록 hwegyegirok	会计记录 kuàijìjìlù
회계보고서 hwegyebogoso	会计报告 kuàijìbàogào
회계기준 hwegyegijun	会计准则 kuàijìzhǔnzé
회계제도 hwegyejedo	会计制度 kuàijìzhìdù
회계상 거래 hwegyesang gorae	会计交易 kuàijìjiāoyì
회계처리 hwegyechori	会计处理 kuàijìchǔlǐ
회계연도 hwegyeyondo	会计年度 kuàijìniándù
외상매입금 wesangmaeipkkeum	应付账款 yìngfuzhàngkuǎn
외상매출금 wesangmaechulgeum	应收账款 yīngshōuzhàngkuǎn
외상매출금회전율 wesangmaechulgeumhwaejonnyul	应收账款周转率 yīngshōuzhàngkuǎnzhōuzhuǎnlǜ
발생주의 balssaengjue	权责发生制 quánzéfāshēngzhì
발생주의회계 balssaengjuihwegye	权责发生制会计 quánzéfāshēngzhìkuàijì

accruals	発生項目 はっせいこうもく
accrued expenses	未払費用 みはらいひよう
accrued interest	発生利息 はっせいりそく
accrued liabilities	発生負債 / 発生債務 はっせいふさい / はっせいさいむ
accrued revenues	未収収益 みしゅうしゅうえき
accumulated amortisation	償却累計額 しょうきゃくるいけいがく
accumulated depreciation	減価償却累計額 げんかしょうきゃくるいけいがく
accumulated impairment loss	減損損失累計額 げんそんそんしつるいけいがく
accumulated profit or loss	累積損益 るいせきそんえき
accumulating compensated absences	累積有給休暇 るいせきゆうきゅうきゅうか
acquired goodwill	買入のれん かいいれのれん
acquiree	被取得企業 ひしゅとくきぎょう
acquirer	取得企業 しゅとくきぎょう
acquisition	取得 / 買収 しゅとく / ばいしゅう
acquisition cost	取得原価 しゅとくげんか
acquisition cost basis	取得原価基準 しゅとくげんかきじゅん
acquisition date	取得日 しゅとくび
acquisition method	取得法 しゅとくほう
acquisition of subsidiary	子会社の取得 こがいしゃのしゅとく
acquisition tax	取得税 しゅとくぜい
active market	活発な市場 かっぱつなしじょう

발생액 balssaengaek	应计项目 yīngjìxiàngmù
미지급비용 mijigeupppiyong	应计费用 yīngjìfèiyòng
미수이자 misuija	应计利息 yīngjìlìxi
부채발생액 buchaebalssaengaek	应计负债 yīngjìfùzhài
미수수익 misusuik	应计收入 yīngjìshōurù
상각누계액 sanggangnugyeaek	累计摊销 lěijìtānxiāo
감가상각누계액 gamkkasanggangnugyeaek	累计折旧 lěijìzhéjiù
손상차손누계액 sonsangchasonnugyeaek	累计减值 lěijìjiǎnzhí
누적손익 nujokssonik	累计损益 lěijìsǔnyì
누적유급휴가 nujongnyugeupyuga	累积带薪休假 lěijīdàixīnxiūjià
취득한 영업권 chwideukan yongopkkwon	外购商誉 wàigòushāngyù
피취득자 pichwideukjja	被收购方 bèishōugòufāng
취득자 chwideukjja	收购人 shōugòurén
취득 / 인수 chwideuk/insu	取得 / 收购 qǔdé/shōugòu
취득원가 chwideugwonkka	取得成本 / 购置成本 qǔdéchéngben/gòuzhìchéngběn
취득원가기준 chwideugwonkkagijun	取得成本基础 / 购置成本基础 qǔdéchéngběnjīchǔ/gòuzhìchéngběnjīchǔ
취득일 chwideungnil	取得日期 / 收购日期 qǔdérìqí/shōugòuriqī
취득법 chwideukppop	购买法 gòumǎifǎ
종속기업의 취득 jongsokkkiobe chwideuk	子公司的收购 zǐgōngsīdeshōugòu
취득세 chwideuksse	购置税 gòuzhìshuì
활성시장 hwalssongsijang	活跃市场 huóyuèshìchǎng

active reserve	積極的積立金 せっきょくてきつみたてきん
activities in agriculture, forestry, and fisheries	農林漁業活動 のうりんぎょぎょうかつどう
actual costs	実際原価 じっさいげんか
actual production capacity	実際操業度 じっさいそうぎょうど
actuarial assumptions	保険数理仮定 ほけんすうりかてい
actuarial gains and losses	保険数理損益 ほけんすうりそんえき
actuarial method of insurance	保険数理法 ほけんすうりほう
actuarial valuation	保険数理評価 ほけんすうりひょうか
actuary	年金数理士 ねんきんすうりし
adjusted trial balance	決算整理後試算表 けっさんせいりごしさんひょう
adjusting entry	修正仕訳 しゅうせいしわけ
adjustment amount	調整額 ちょうせいがく
administrative expenses	管理費 かんりひ
admission fees	入会金 にゅうかいきん
advance lease payments	前払リース料 まえばらいりーすりょう
advance payment	前払金 まえばらいきん
advance payment of construction costs	前払工事原価 まえばらいこうじげんか
advance received	前受金 まえうけきん
adverse economic consequences	経済的悪影響 けいざいてきあくえいきょう
adverse opinion	不適正意見 ふてきせいいけん
adverse selection	逆選択 ぎゃくせんたく

적극적 적립금 jokkeukjjok jongnipkkeum	积极储备金 jījíchǔbèijīn
농림어업활동 nongnimoopwalttong	农林渔业活动 nónglínyúyèhuódòng
실제원가 siljjewonkka	实际成本 shíjìchéngběn
실제조업도 siljjejooptto	实际产能 shíjìchǎnnéng
보험수리적 가정 bohomsurijok gajong	精算假设 jīngsuànjiǎshè
보험수리적 손익 bohomsurijok sonik	精算损益 jīngsuànsǔnyì
보험수리적 방법 bohomsurijok bangbop	保险精算方法 bǎoxiǎnjīngsuànfāngfǎ
보험수리적 평가 bohomsurijok pyongkka	精算估值 jīngsuàngūzhí
연금계리사 yongeumgyerisa	保险精算师 bǎoxiǎnjīngsuànshī
수정후시산표 sujonghusisanpyo	调整后试算平衡表 tiáozhěnghòushìsuànpínghéngbiǎo
수정분개 sujongbungae	调整分录 tiáozhěngfēnlù
조정액 jojongaek	调整额 tiáozhěngé
관리비 gwalribi	管理费用 guǎnlǐfèiyòng
허가비용 hogabiyong	入会费 rùhuìfèi
선급리스료 songeumnisseuryo	预付租赁费 yùfùzūlìnfèi
선급금 songeupkkeum	预付款 yùfùkuǎn
선급공사원가 songeupkkongsawonkka	预付工程款 yùfùgōngchéngkuǎn
선수금 sonsugeum	预收款 yùshōukuǎn
경제적 역효과 gyongjejok yokyogwa	不利的经济后果 bùlìdejīngjìhòuguǒ
부적정의견 bujokjjonguigyon	否定意见 fǒudìngyìjiàn
역선택 yokssontaek	逆向选择 nìxiàngxuǎnzé

advertising expenses	広告宣伝費 こうこくせんでんひ
affiliated company	関係会社 かんけいがいしゃ
agency relationship	代理関係 だいりかんけい
aggregated profit and loss	集合損益 しゅうごうそんえき
aggregated profit and loss account	集合損益勘定 しゅうごうそんえきかんじょう
aggregation	集計 しゅうけい
aging analysis	年齢分析 ねんれいぶんせき
aging analysis method	年齢分析法 ねんれいぶんせきほう
agreement	約定 / 契約 やくじょう / けいやく
agreement date	契約日 けいやくび
agricultural activity	農業活動 のうぎょうかつどう
agricultural produce	農産物 のうさんぶつ
air freight industry	航空運送業 こうくううんそうぎょう
allocation	配分 はいぶん
allocation method	配分方法 はいぶんほうほう
allowance	引当金 ひきあてきん
allowance for compensation for damages	損害賠償引当金 そんがいばいしょうひきあてきん
allowance for doubtful accounts	貸倒引当金 かしだおれひきあてきん
allowance for onerous contracts	損失負担契約引当金 そんしつふたんけいやくひきあてきん
allowance method	引当経理 ひきあてけいり
alternative use	代替的用途 だいたいてきようと

광고선전비 gwanggosonjonbi	广告费用 guǎnggàofèiyòng
관계 회사 gwangye hwesa	联营公司 liányínggōngsī
대리관계 daerigwangye	代理关系 dàilǐguānxi
집합손익 jipapssonik	合计损益 héjìsǔnyì
집합손익계정 jipapssonikkkyejong	总损益账 zǒngsǔnyìzhàng
집계 jipkkye	总计 zǒngjì
연령분석 yolryongbunsok	账龄分析 zhànglíngfēnxī
연령분석법 yolryongbunsokppop	账龄分析法 zhànglíngfēnxīfǎ
약정 yakjjong	协议 xiéyì
계약일 gyeyagil	协议日期 xiéyìrìqī
농림어업활동 nongnimoopwalttong	农业活动 nóngyèhuódòng
수확물 suhwangmul	农产品 nóngchǎnpǐn
항공운송업 hanggongunsongop	航空运输业 hángkōngyùnshūyè
배분 baebun	分配 fēnpèi
배분방법 baebunbangbop	分配方法 fēnpèifāngfǎ
충당금 chungdanggeum	准备金 zhǔnbèijīn
손해배상충당부채 sonhaebaesangchungdangbuchae	损害赔偿准备 sǔnhàipéichángzhǔnbèi
대손충당금 daesonchungdanggeum	坏账准备 huàizhàngzhǔnbèi
손실부담계약충당부채 sonsilbudamgyeyakchungdangbuchae	有偿合同准备 yǒuchánghétongzhǔnbèi
충당금설정법 chungdanggeumsoljjongppop	备抵法 bèidǐfǎ
대체 용도 daeche yongdo	交替使用 jiāotìshǐyòng

alternatives	代替案 だいたいあん
amortization	償却 しょうきゃく
amortization method	償却法 しょうきゃくほう
amortization rate	償却率 しょうきゃくりつ
amortized cost method	償却原価法 しょうきゃくげんかほう
amortized costs	償却原価 しょうきゃくげんか
amount	価額 / 金額 かがく / きんがく
amount of beginning materials inventory	期首材料棚卸高 きしゅざいりょうたなおろしだか
amount of beginning merchandise stocked	期首商品棚卸高 きしゅしょうひんたなおろしだか
amount of beginning product inventory	期首製品棚卸高 きしゅせいひんたなおろしだか
amount of beginning stock	期首在庫額 きしゅざいこがく
amount of beginning work-in-progress inventory	期首仕掛品棚卸高 きしゅしかかりひんたなおろしだか
amount of cash receipt	現金収入額 げんきんしゅうにゅうがく
amount of commodity sold	商品販売額 しょうひんはんばいがく
amount of cost recovery	原価回収額 げんかかいしゅうがく
amount of current purchase quantity	当期仕入高 とうきしいれだか
amount of ending inventory	期末商品棚卸高 きまつしょうひんたなおろしだか
amount of ending materials inventory	期末材料棚卸高 きまつざいりょうたなおろしだか
amount of ending product inventory	期末製品棚卸高 きまつせいひんたなおろしだか
amount of ending stock	期末在庫額 きまつざいこがく
amount of ending work-in-progress inventory	期末仕掛品棚卸高 きまつしかかりひんたなおろしだか

대안 daean	替代方案 tìdàifāngàn
상각 sanggak	摊销 tānxiāo
상각방법 sanggakppangbop	摊销法 tānxiāofǎ
상각률 sanggangnyul	摊销率 tānxiāolǜ
상각 원가법 sanggak wonkkappop	摊余成本法 tānyúchéngběnfǎ
상각 원가 sanggak wonkka	摊余成本 tānyúchéngběn
가액 / 금액 gaaek/geumaek	金额 jīné
기초재료재고액 gichojaeryojaegoaek	期初材料库存额 qīchūcáiliàokùcúné
기초상품재고액 gichosangpumjaegoaek	期初商品库存额 qīchūshāngpǐnkùcúné
기초제품재고액 gichojepumjaegoaek	期初产品库存额 qīchūchǎnpǐnkùcúné
기초재고액 gichojaegoaek	期初库存额 qīchūkùcúné
기초재공품재고액 gichojaegongpumjaegoaek	期初在产品库存额 qīchūzàichǎnpǐnkùcúné
현금수입 hyongeumsuip	现金收入额 xiànjīnshōurué
상품판매액 sangpumpanmaeaek	商品销售额 shāngpǐnxiāoshòué
원가회수액 wonkkahwesuaek	成本回收额 chéngběnhuíshōué
당기매입액 danggimaeibaek	当期购货金额 dāngqīgòuhuòjīné
기말상품재고액 gimalsangpumjaegoaek	期末商品库存额 qīmòshāngpǐnkùcúné
기말재료재고액 gimaljaeryojaegoaek	期末材料库存额 qīmòcáiliàokùcúné
기말제품재고액 gimaljepumjaegoaek	期末产品库存额 qīmòchǎnpǐnkùcúné
기말재고액 gimaljaegoaek	期末库存额 qīmòkùcúné
기말재공품재고액 gimaljaegongpumjaegoaek	期末在产品库存额 qīmòzàichǎnpǐnkùcúné

amount of tax owed	納付税額 のうふぜいがく
amount of tax paid	既納付税額 きのうふぜいがく
amount of the check	小切手代金 こぎってだいきん
amounts recognised directly in equity	純資産直入額 じゅんしさんちょくにゅうがく
analysis	分析 ぶんせき
annual financial report	年次財務報告 ねんじざいむほうこく
annual financial statements	年次財務諸表 ねんじざいむしょひょう
annual general meeting	定時株主総会 ていじかぶぬしそうかい
annuitant	年金受給者 ねんきんじゅきゅうしゃ
antidilution	逆希薄化 ぎゃくきはくか
application guidance	適用指針 てきようししん
appraisal	鑑定評価 かんていひょうか
arm's length transaction	独立企業間取引 どくりつきぎょうかんとりひき
artistic-related intangible assets	芸術関連無形資産 げいじゅつかんれんむけいしさん
Asian Development Bank (ADB)	アジア開発銀行 あじああかいはつぎんこう
asking price	売呼値 うりよびね
assembly	組立て くみたて
asset exchange transactions	資産交換取引 しさんこうかんとりひき
asset- liability method	資産負債法 しさんふさいほう
asset manager	アセットマネジャー あせっとまねじゃー
asset measurement	資産測定 しさんそくてい

납부세액	纳税额
napppuseaek	nàshuié

기납부세액	已纳税额
ginapppuseaek	yǐnàshuié

수표기재금액	支票金额
supyogijaegeumaek	zhīpiàojīné

자본에 직접 반영된 금액	直接计入所有者权益的金额
jabone jikjjop banyongdwen geumaek	zhíjiējìrùsuǒyǒuzhēquányìdejīné

분석	分析
bunsok	fēnxī

연차재무보고	年度财务报告
yonchajaemubogo	niándùcáiwùbàogào

연차재무제표	年度财务报表
yonchajaemujepyo	niándùcáiwùbàobiǎo

정기주주총회	年度股东大会
jonggijujuchonghwe	niándùgǔdōngdàhuì

연금수령자	年金受益人
yongeumsuryongja	niánjīnshòuyìrén

반 희석 효과	反稀释
ban hisok hyokkwa	fǎnxīshì

적용지침	应用指南
jogyongjichim	yìngyòngzhǐnán

감정	评估
gamjong	pínggū

독립된 당사자 사이의 거래	非关联交易
dongnipttwen dangsaja saie gorae	fēiguānliánjiāoyì

예술관련 무형자산	艺术相关类无形资产
yesulgwalryon muhyongjasan	yìshùxiāngguānlèiwúxíngzīchǎn

아시아개발은행	亚洲开发银行
asiagaebareunhaeng	yàzhōukāifāyínháng

매도호가	卖方报价
maedohoga	màifāngbàojià

조립	装配
jorip	zhuāngpèi

자산교환거래	资产交换交易
jasangyohwangorae	zīchǎnjiāohuànjiāoyì

자산 · 부채법	资产负债法
jasanbuchaeppop	zīchǎnfùzhàifǎ

자산관리자	资产经理
jasangwalrija	zīchǎnjīnglǐ

자산측정	资产计量
jasancheukjjong	zīchǎnjìliàng

asset retirement	資産除去 しさんじょきょ
asset retirement obligation	資産除去債務 しさんじょきょさいむ
asset turnover ratio	資産回転率 しさんかいてんりつ
asset value	資産価値 しさんかち
asset-backed securities (ABS)	資産流動化証券 しさんりゅうどうかしょうけん
assets	資産 しさん
associate company	関連会社 かんれんがいしゃ
at the money	アット・ザ・マネー あっとざまねー
attributes	属性 ぞくせい
attributes of measurement	測定属性 そくていぞくせい
auction	競売 きょうばい / けいばい
audit	監査 / 検査 かんさ / けんさ
audit committee	監査委員会 かんさいいんかい
audit for accounting	会計監査 かいけいかんさ
audit opinion	監査意見 かんさいけん
audit report	監査報告書 かんさほうこくしょ
authorized capital system	授権資本制度 じゅけんしほんせいど
authorized shares	授権株式 じゅけんかぶしき
automobile industry	自動車業界 じどうしゃぎょうかい
automobile tax	自動車税 じどうしゃぜい
available-for-sale financial assets	売却可能金融資産 ばいきゃくかのうきんゆうしさん

자산제거 jasanjego	资产报废 zīchǎnbàofèi
자산제거채무 jasanjegochaemu	资产弃置义务 zīchǎnqìzhìyìwù
자산회전율 jasanhwaejonnyul	资产周转率 zīchǎnzhōuzhuǎnlǜ
자산가치 jasangachi	资产价值 zīchǎnjiàzhí
자산유동화증권 jasannyudonghwajeungkkwon	资产支持证券 zīchǎnzhīchízhèngquàn
자산 jasan	资产 zīchǎn
관련 회사 gwalryon hwesa	联营公司 liányínggōngsī
등가격 deunggagyok	平价 píngjià
속성 sokssong	属性 shǔxìng
측정속성 cheukjjongsokssong	计量属性 jiliàngshǔxìng
경매 gyongmae	拍卖 pāimài
감사 gamsa	审计／检查 shěnjì/jiǎnchá
감사위원회 gamsawiwonhwe	审计委员会 shěnjìwěiyuánhuì
회계감사 hwegyegamsa	审计会计 shěnjìkuàiji
감사의견 gamsauigyon	审计意见 shěnjìyìjiàn
감사보고서 gamsabogoso	审计报告 shěnjìbàogào
수권자본금제도 sukkwonjabongeumjedo	授权资本制度 shòuquánzīběnzhìdù
수권주식 sukkwonjusik	授权股份 shòuquángǔfèn
자동차산업 jadongchasanop	汽车行业 qìchēhángyè
자동차세 jadongchase	汽车税 ※同制度がなく日本語を直訳 qìchēshuì
매도가능금융자산 maedoganeunggeumyungjasan	可供出售金融资产 kěgōngchūshòujīnróngzīchǎn

available-for-sale inventory	販売可能在庫資産 はんばいかのうざいこしさん
average amortization rate	平均償却率 へいきんしょうきゃくりつ
average cost method	平均原価法 へいきんげんかほう
average method	平均法 へいきんほう
award credits	特典クレジット とくてんくれじっと
award points	特典ポイント とくてんぽいんと

- B -

back-out	契約破棄 けいやくはき
bad debts	不良債権 ふりょうさいけん
bad debts expense	貸倒損失 かしだおれそんしつ
bad debts risk	貸倒リスク かしだおれりすく
bail-in instrument	ベイルイン商品 べいるいんしょうひん
balance	残高 ざんだか
balance sheet	貸借対照表 たいしゃくたいしょうひょう
balance sheet equation	貸借対照表等式 たいしゃくたいしょうひょうとうしき
bank	銀行 ぎんこう
bank for international settlements	国際決済銀行 こくさいけっさいぎんこう
bank guarantee	銀行保証 ぎんこうほしょう
bank loans	銀行借入 ぎんこうかりいれ
Bank of Korea	韓国銀行 かんこくぎんこう

판매가능 재고자산 panmaeganeung jaegojasan	可供出售库存 kěgōngchūshòukùcún
평균상각률 pyonggyunsanggangnyul	平均摊销率 píngjūntānxiāolǜ
평균원가법 pyonggyunwonkkappop	平均成本法 píngjūnchéngběnfǎ
평균법 pyonggyunppop	平均法 píngjūnfǎ
보상점수 bosangjomssu	奖励积分 jiǎnglìjīfēn
특전 포인트 teukjjon pointeu	奖励点数 jiǎnglìdiǎnshù

계약파기 gyeyakpagi	退出协议 tuìchūxiéyì
부실채권 busilchaekkwon	坏账 huàizhàng
대손상각비 daesonsanggakppi	坏账费用 huàizhàngfèiyòng
대손위험 daesonwihom	坏账风险 huàizhàngfēngxiǎn
채무조정 상품 chaemujojong sangpum	内部纾困工具 nèibùshūkùngōngjù
잔액 janaek	余额 yúé
재무상태표 / 대차대조표 jaemusangtaepyo/daechadaejopyo	资产负债表 zīchǎnfùzhàibiǎo
재무상태표등식 jaemusangtaepyodeungsik	资产负债表等式 zīchǎnfùzhàibiǎoděngshì
은행 eunhaeng	银行 yínháng
국제결제은행 gukjjegyoljjeeunhaeng	国际结算银行 guójìjiésuànyínháng
은행보증 eunhaengbojung	银行担保 yínhángdānbǎo
은행차입 eunhaengchaip	银行贷款 yínhángdàikuǎn
한국은행 hangugeunhaeng	韩国银行 hánguóyínháng

bank overdraft	当座借越 とうざかりこし
bank reconciliation statement	銀行勘定調整表 ぎんこうかんじょうちょうせいひょう
bank service charges	銀行業務手数料 ぎんこうぎょうむてすうりょう
bank statement	銀行取引明細書 ぎんこうとりひきめいさいしょ
bankruptcy	倒産 とうさん
bargain purchase option	割安購入選択権 わりやすこうにゅうせんたくけん
bargain renewal option	割安更新選択権 わりやすこうしんせんたくけん
basic assumptions of financial accounting	財務会計の基本的仮定 ざいむかいけいのきほんてきかてい
basic deduction	基本控除 きほんこうじょ
basic earnings per share	希薄化前一株当たり利益 きはくかまえひとかぶあたりりえき
basic pension	基礎年金 きそねんきん
basis for conclusions	結論の根拠 けつろんのこんきょ
basis of organisation	組織化の基礎 そしきかのきそ
basis point	ベーシスポイント ※1%の100分の1, 0.01%のこと べーしすぽいんと
bearer biological asset	果実生成型生物資産 かじつせいせいがたせいぶつしさん
bearer bonds	無記名式社債 むきめいしきしゃさい
beginning inventory	期首棚卸資産 きしゅたなおろししさん
beginning of the period	期首 きしゅ
beginning stock	期首在庫 きしゅざいこ
beneficiary	受益者 じゅえきしゃ
benefit	便益 べんえき

당좌차월 dangjwachawol	银行透支 yínhángtòuzhī
은행계정조정표 eunhaenggyejongjojongpyo	银行对账单 yínhángduìzhàngdān
은행수수료 eunhaengsusuryo	银行手续费 yínhángshǒuxùfèi
은행거래명세서 eunhaenggoraemyongseso	银行结单 yínhángjiédān
파산 pasan	破产 pòchǎn
염가매수선택권 yomkkamaesusontaekkkwon	承租人优惠购买选择权 chéngzūrényōuhuìgòumǎixuǎnzéquán
염가갱신선택권 yomkkagaengsinsontaekkkwon	承租人优惠续租权 chéngzūrényōuhuìxùzūquán
재무회계의 기본가정 jaemuhwegyee gibongajong	财务会计的基本假设 cáiwùkuàijìdejīběnjiǎshè
기본공제 gibongongje	基本扣除 jīběnkòuchú
기본주당이익 gibonjudangniik	基本每股收益 jīběnměigǔshōuyì
기초연금 gichoyongeum	基本养老金 jīběnyǎnglǎojīn
결론도출근거 gyolrondochulgeungo	结论的依据 jiélùndeyījù
조직화의 기초 jojikwae gicho	组织基础 zǔzhījīchǔ
만분율 / 베이시스포인트 manbunnyul/beisiseupointeu	基点 jīdiǎn
생산용 생물자산 saengsannyong saengmuljasan	生产性生物资产 shēngchǎnxìngshēngwùzīchǎn
무기명사채 (채권) mugimyongsachae (chaekkwon)	不记名债券 bùjìmíngzhàiquàn
기초 재고자산 gicho jaegojasan	期初库存 qīchūkùcún
기초 gicho	期初 qīchū
기초재고 gichojaego	期初库存 qīchūkùcún
수익자 suikjja	受益人 shòuyìrén
편익 pyonik	利益 lìyì

benefit payments	給付支払 きゅうふしはらい
best estimate	最良推定値 さいりょうすいていち
bid bonds	入札保証 にゅうさつほしょう
bid price	買呼値 かいよびね
bid-ask spread	ビッド・アスク・スプレッド びっどあすくすぷれっど
bidding commissions	落札手数料 らくさつてすうりょう
bill-and-hold arrangements	請求済未出荷契約 せいきゅうずみみしゅっかけいやく
biological assets	生物資産 せいぶつしさん
biological assets for production	生産用生物資産 せいさんようせいぶつしさん
Black-Scholes Model	ブラック・ショールズモデル ぶらっくしょーるずもでる
black-ink balance	黒字 くろじ
blue chip entities	優良銘柄企業 ゆうりょうめいがらきぎょう
board of directors	取締役会 とりしまりやくかい
bond	社債 しゃさい
bond	債券 さいけん
bond certificates	社債券 しゃさいけん
bond indenture	社債契約 / 社債信託契約 しゃさいけいやく / しゃさいしんたくけいやく
bond interest expense	社債利息 しゃさいりそく
bond investment	債券投資 さいけんとうし
bond issuance	社債の発行 しゃさいのはっこう
bond issuance costs	社債発行費 しゃさいはっこうひ

급여지급 geubyojigeup	保费支付 / 福利支付 bǎofèizhīfù/fúlìzhīfù
최선 추정치 chweson chujongchi	最佳估计值 zuìjiāgūjìzhí
입찰보증 ipchalbojeung	投标保证金 tóubiāobǎozhèngjīn
매입호가 maeipoga	投标价格 tóubiāojiàgé
매입 - 매도 스프레드 maeipmaedo seupeuredeu	买卖价差 mǎimàijiàchā
낙찰수수료 nakchalsusuryo	投标佣金 tóubiāoyòngjīn
미인도청구약정 miindochongguyakjjong	开单留置安排 kāidānliúzhìānpái
생물자산 saengmuljasan	生物资产 shēngwùzīchǎn
생산용 생물자산 saengsannyong saengmuljasan	生产性生物资产 shēngchǎnxìngshēngwùzīchǎn
블랙숄즈모형 beulraekssyoljeumohyong	布莱克 – 斯科尔斯期权定价模型 bùláikè-sīkēěrsīqīquándìngjiàmóxíng
흑자 heukjja	盈余余额 yíngyúyú'é
우량기업 uryanggiop	蓝筹公司 lánchóugōngsī
이사회 isahwe	董事会 dǒngshìhuì
사채 sachae	公司债券 gōngsīzhàiquàn
채권 chaekkwon	债券 zhàiquàn
채권증권 chaekkwonjeungkkwon	债券 zhàiquàn
사채신탁약정서 sachaesintangnyakjjongso	债券契约 zhàiquànqìyuē
사채이자비용 sachaeijabiyong	债券利息费用 zhàiquànlìxīfèiyòng
채권투자 chaekkwontuja	债券投资 zhàiquàntóuzī
사채발행 sachaebalhaeng	债券发行 zhàiquànfāxíng
사채발행비 sachaebalhaengbi	债券发行成本 zhàiquànfāxíngchéngběn

bond issuer	社債発行会社 しゃさいはっこうがいしゃ
bond premium	社債プレミアム しゃさいぷれみあむ
bond repurchase	自己社債 じこしゃさい
bond yields	債権利回り さいけんりまわり
bondholder	社債権者 しゃさいけんじゃ
bonds payable	未償還社債 みしょうかんしゃさい
bonds with repurchase agreement	買戻条件付債券 かいもどしじょうけんつきさいけん
bonds with warrants	新株予約権付社債 しんかぶよやくけんつきしゃさい
bonus	ボーナス / 賞与 ぼーなす / しょうよ
bonus issue	無償交付 むしょうこうふ
bonus plan	賞与制度 ほうしょうきんせいど
book record	帳簿記録 ちょうぼきろく
book value	帳簿価額 ちょうぼかがく
bookkeeping	簿記 ぼき
books	帳簿 ちょうぼ
borrowed capital	他人資本 たにんしほん
borrowing cost	借入コスト かりいれこすと
borrowing costs eligible for capitalization	資本化可能借入コスト しほんかかのうかりいれこすと
borrowings	借入金 かりいれきん
bottom-up test	ボトムアップテスト ぼとむあっぷてすと
brand	ブランド ぶらんど

사채발행회사 sachaebalhaenghwesa	债券发行人 zhàiquànfāxíngrén
사채할증발행액 sachaehaljjeungbalhaengaek	债券溢价 zhàiquànyìjià
자기사채 jagisachae	债券回购 zhàiquànhuígòu
채권수익률 chaekkwonsuingnyul	债券收益率 zhàiquànshōuyìlǜ
사채권자 sachaegwonja	债券持有人 zhàiquànchíyǒurén
미지급 사채 mijigeup sachae	应付债券 yìngfuzhàiquàn
환매조건부채권 hwanmaejogonbuchaekkwon	有回购协议的债券 yǒuhuígòuxiéyidezhàiquàn
신주인수권부사채 sinjuinsugwonbusachae	附认股权证公司债券 fùrèngǔquánzhènggōngsīzhàiquàn
상여금 sangyogeum	奖金 jiǎngjīn
무상교부 musanggyobu	发行红股 fāxínghónggǔ
상여금제도 sangyogeumjedo	奖金计划 jiǎngjīnjihuà
장부기록 jangbugirok	账面记录 zhàngmiànjìlù
장부금액 jangbugeumaek	账面价值 zhàngmiànjiàzhí
부기 bugi	簿记 bùjì
장부 jangbu	账簿 zhàngbù
타인자본 tainjabon	借入资本 jièrùzīběn
차입원가 chaibwonga	借款成本 jièkuǎnchéngběn
자본화가능차입원가 jabonhwaganeungchaibwonga	符合资本化条件的借贷成本 fúhézīběnhuàtiáojiàndejièdàichéngběn
차입금 chaipkkeum	借款 jièkuǎn
상향식 검사 sanghyangsik gomsa	由下而上测试法 ※日本語を直訳 yóuxiàérshàngcèshifǎ
브랜드 beuraendeu	品牌 pǐnpái

brand value	ブランド価値 ぶらんどかち
break-even point	損益分岐点 そんえきぶんきてん
bribe	賄賂 / 裏金 わいろ / うらがね
brokerage charges	仲介手数料 ちゅうかいてすうりょう
bubble economy	バブル経済 ばぶるけいざい
budget	予算 よさん
building	建物 たてもの
building rent	建物賃借料 たてものちんしゃくりょう
build-operate-transfer	一括事業請負後譲渡方式 いっかつじぎょううけおいごじょうとほうしき
business	ビジネス / 事業 びじねす / じぎょう
business accounting practices generally accepted as fair and appropriate	一般に公正妥当と認められる企業会計の慣行 いっぱんにこうせいだとうとみとめられる きぎょうかいけいのかんこう
business accounting standards	企業会計基準 きぎょうかいけいきじゅん
business accounting standards generally accepted as fair and appropriate	一般に公正妥当と認められる企業会計の基準 いっぱんにこうせいだとうとみとめられる きぎょうかいけいのきじゅん
business combination	企業結合 きぎょうけつごう
business conditions	景気 けいき
business division	事業部 じぎょうぶ
business entity	企業実体 きぎょうじったい
business in agriculture, forestry, and fishery	農林漁業企業 のうりんぎょぎょうきぎょう
business income	事業所得 じぎょうしょとく
business management	企業経営 きぎょうけいえい

브랜드가치 beuraendeugachi	品牌价值 pǐnpáijiàzhí
손익분기점 sonikppungijjom	盈亏平衡点 yíngkuīpínghéngdiǎn
뇌물 nwemul	贿赂 / 贿赂金 huìlù/huìlùjīn
중개수수료 junggaesusuryo	中介费 zhōngjièfèi
거품 경제 gopum gyongje	泡沫经济 pàomòjīngjì
예산 yesan	预算 yùsuàn
건물 gonmul	建筑物 jiànzhùwù
건물 임차료 gonmul imcharyo	建筑物租赁费 jiànzhùwùzūlìnfèi
복구 - 운영 - 이전 bokkkuunyongijon	建设－运营－转让 jiànshè-yùnyíng-zhuǎnràng
비즈니스 / 사업 bijeunisseu/saop	商务 / 商业 shāngwù/shāngyè
일반적으로 공정 타당하다고 인정되는 기업회계 관행 ilbanjogeuro gongjong tadanghadago injongdweneun giopwegye gwanhaeng ※日本語を直訳	公认的公平和适当的商业会计惯例 gōngrènde gōngpínghéshìdàngde shāngyèkuàijìguànlì ※英語を直訳
기업회계기준 giopwegyegijun	企业会计准则 qǐyèkuàijìzhǔnzé
일반적으로 공정 타당하다고 인정되는 기업회계기준 ilbanjogeuro gongjong tadanghadago injongdweneun giopwegyegijun ※日本語を直訳	被公认为公平和适当的商业会计准则 bèigōngrènwéi gōngpínghéshìdàngde shāngyèkuàijìzhǔnzé ※英語を直訳
사업결합 saopkkyolhap	企业合并 qǐyèhébìng
경기 gyonggi	经济状况 jīngjìzhuàngkuàng
사업부 saopppu	事业部 shìyèbù
기업실체 giopssilche	企业主体 qǐyèzhǔtǐ
농림어업기업 nongnimoopkkiop	农林渔业企业 nónglínyúyèqǐyè
사업소득 saopssodeuk	营业收益 yíngyèshōuyì
기업경영 giopkkyongyong	企业管理 qǐyèguǎnlǐ

business management analysis	企業経営分析 きぎょうけいえいぶんせき
business medical corporation	営利医療法人 えいりいりょうほうじん
business model	ビジネスモデル びじねすもでる
business network	営業網 えいぎょうもう
business owner	事業者 じぎょうしゃ
business partner	ビジネスパートナー びじねすぱーとなー
business performance	経営成績 けいえいせいせき
business plan	事業計画 じぎょうけいかく
business proprietary information	企業機密情報 きぎょうきみつじょうほう
business prospects	景気見通し けいきみとおし
business purpose	事業目的 じぎょうもくてき
business registration	事業者登録 じぎょうしゃとうろく
business results	経営実績 けいえいじっせき
business suspension	営業停止 えいぎょうていし
business transfer	営業譲渡 えいぎょうじょうと
business trip expenses	旅費 りょひ
business unit	事業単位 じぎょうたんい
business year	事業年度 じぎょうねんど
buyer	買い手 かいて
by-product	副産物 ふくさんぶつ

기업경영분석 giopkkyongyongbunsok	企业管理分析 qǐyèguǎnlǐfēnxī
영리의료법인 yongniuiryoppobin	营利性医疗公司 yínglìxingyīliáogōngsī
사업모형 saommohyong	商业模式 shāngyèmóshì
영업망 yongommang	商业网络 shāngyèwǎngluò
사업자 saopjja	业主 yèzhǔ
비즈니스 파트너 bijeunisseu pateuno	商业合作伙伴 shāngyèhézuòhuǒbàn
경영실적 gyongyongsiljjok	经营业绩 jīngyíngyèjì
사업계획 saopkkyehwek	商业计划 shāngyèjìhuà
기업내부정보 giomnaebujongbo	商业秘密信息 / 商业机密信息 shāngyèmimixinxī/shāngyèjīmixinxī
경기전망 gyonggijonmang	经济状况展望 jīngjìzhuàngkuàngzhǎnwàng
사업목적 saommokjjok	经营目的 jīngyíngmùdì
사업자등록 saopjjadeungnok	工商登记 gōngshāngdēngjì
경영실적 gyongyongsiljjok	经营业绩 jīngyíngyèjì
영업정지 yongopjjongji	中止营业 zhōngzhǐyíngyè
영업양도 yongomnyangdo	营业转让 yíngyèzhuǎnràng
어비 yobi	差旅费 chāilǚfèi
사업단위 saopttanwi	业务单位 yèwùdānwèi
사업연도 saomnyondo	会计年度 kuàijiniándù
매수자 maesuja	买家 mǎijiā
부산물 busanmul	副产品 fùchǎnpǐn

– C –

calculation	計算 けいさん
call options	コールオプション こーるおぷしょん
callable bonds	コーラブル債 こーらぶるさい
callable convertible bonds	中途償還可能転換社債 ちゅうとしょうかんかのうてんかんしゃさい
callable preferred stock	償還優先株式 しょうかんゆうせんかぶしき
capacity utilization	稼働率 かどうりつ
capital	資本 / 資本金 しほん / しほんきん
capital adjustment	資本調整 しほんちょうせい
capital appreciation	資産評価差益 しさんひょうかさえき
capital arrangement	固定性配列法 こていせいはいれつほう
capital asset pricing model	資本資産価格モデル しほんしさんかかくもでる
capital cost	資本コスト しほんこすと
capital equation	資本等式 しほんとうしき
capital erosion	資本欠損 しほんけっそん
capital expansion	資本拡充 しほんかくじゅう
capital expenditure	資本的支出 しほんてきししゅつ
capital gains	譲渡所得 じょうとしょとく
capital gains tax (CGT)	譲渡所得税 じょうとしょとくぜい
capital increase without consideration	無償増資 むしょうぞうし

계산 gyesan	计算 jìsuàn
콜옵션 koropssyon	看涨期权 kànzhǎngqīquán
중도상환가능사채 jungdosanghwanganeungsachae	可赎回债券 kěshúhuízhàiquàn
중도상환가능전환사채 jungdosanghwanganeungjonhwansachae	可赎回转换公司债 kěshúhuízhuǎnhuàngōngsīzhài
상환가능우선주 sanghwanganeungusonju	可赎回优先股 kěshúhuíyōuxiāngǔ
가동률 gadongnyul	产能利用率 chǎnnénglìyònglǜ
자본 jabon	资本 zīběn
자본조정 jabonjojong	资本调整 zīběntiáozhěng
시세차익 sisechaik	资本增值 zīběnzēngzhí
고정성배열법 gojongssongbaeyolppop	按非流动性列报 ※中国では流動性配列法のみ, ànfēiliúdòngxìnglièbào 固定性配列法を直訳
자본자산가격결정모형 jabonjasangagyokkkyoljjongmohyong	资本资产定价模型 zīběnzīchǎndìngjiàmóxíng
자본비용 jabonbiyong	资本成本 zīběnchéngběn
자본등식 jabondeungsik	资本等式 zīběnděngshì
자본잠식 jabonjamsik	资本侵蚀 zīběnqīnshí
자본확충 jabonhwakchung	资本扩张 zīběnkuòzhāng
자본적 지출 jabonjok jichul	资本支出 zīběnzhīchū
양도소득 yangdosodeuk	资本利得 zīběnlìdé
양도소득세 yangdosodeuksse	资本利得税 zīběnlìdéshuì
무상증자 musangjeungja	无偿增资 wúchángzēngzī

capital maintenance	資本維持 しほんいじ
capital management	自己資本管理 じこしほんかんり
capital market	資本市場 しほんしじょう
capital reduction	減資 げんし
capital reduction without compensation	無償減資 むしょうげんし
capital reserve	資本準備金 しほんじゅんびきん
capital risk management	資本リスク管理 しほんりすくかんり
capital stock	資本金 しほんきん
capital structure	資本構成 しほんこうせい
capital surplus	資本剰余金 しほんじょうよきん
capital transactions	資本取引 しほんとりひき
capitalisation rate	資本化率 しほんかりつ
capitalised borrowing costs	資本化借入コスト しほんかかりいいれこすと
capitalised subsequent expenditure	資産化事後支出 しさんかじごししゅつ
capitalization	資本化 / 資産化 / 資産計上 しほんか / しさんか / しさんけいじょう
capped interest rate	上限金利 じょうげんきんり
carrying forward	次期繰越 じきくりこし
cash	現金 げんきん
cash and cash equivalents	現金及び現金同等物 げんきんおよびげんきんどうとうぶつ
cash balance	現金有高 げんきんありだか
cash basis	現金主義 げんきんしゅぎ

자본유지 jabonnyuji	资本保全 zīběnbǎoquán
자기자본관리 jagijabongwalri	资本管理 zīběnguǎnlǐ
자본시장 jabonsijang	资本市场 zīběnshìchǎng
감자 gamja	减资 jiǎnzī
무상감자 musanggamja	无偿减资 wúchángjiǎnzī
자본 준비금 jabon junbigeum	资本准备金／资本公积 zīběnzhǔnbèijīn/zīběngōngjī
자본위험관리 jabonwihomgwalri	资本风险管理 zīběnfēngxiǎnguǎnlǐ
자본금 jabongeum	股本 gǔběn
자본구조 jabongujo	资本结构 zīběnjiégòu
자본잉여금 jabonningyogeum	资本公积 zīběngōngjī
자본거래 jabongorae	资本交易 zīběnjiāoyì
자본화율 jabonhwayul	资本化率 zīběnhuàlǜ
자본화차입원가 jabonhwachaibwonga	资本化的借款成本 zīběnhuàdejièkuǎnchéngběn
후속원가 husogwonkka	资本化后续支出 zīběnhuàhòuxùzhīchū
자본화 jabonhwa	资本化 zīběnhuà
이자율 상한 ijayul sanghan	上限利率 shàngxiànlìlǜ
차기이월 chagiiwol	期末结转 qīmòjiézhuǎn
현금 hyongeum	现金 xiànjīn
현금 및 현금성자산 hyongeum mit hyongeumssongjasan	现金和现金等价物 xiànjīnhéxiànjīnděngjiàwù
현금 시재액 hyongeum sijaeaek	现金余额 xiànjīnyúé
현금주의 hyongeumjue	收付实现制 shōufùshíxiànzhì

cash book	現金出納帳 げんきんすいとうちょう
cash count	現金実査 げんきんじっさ
cash discounts	現金割引 げんきんわりびき
cash discrepancies	現金過不足 げんきんかふそく
cash dividend	現金配当 げんきんはいとう
cash equivalents	現金同等物 げんきんどうとうぶつ
cash expenditures	現金支出 げんきんししゅつ
cash flow	キャッシュ・フロー きゃっしゅふろー
cash flow from investing activities	投資活動によるキャッシュ・フロー とうしかつどうによるきゃっしゅふろー
cash flow hedges	キャッシュ・フロー・ヘッジ きゃっしゅふろーへっじ
cash flows from financing activities	財務活動によるキャッシュ・フロー ざいむかつどうによるきゃっしゅふろー
cash flows from operating activities	営業活動によるキャッシュ・フロー えいぎょうかつどうによるきゃっしゅふろー
cash generated from operations	営業活動による現金生成額 えいぎょうかつどうによるげんきんせいせいがく
cash management	現金管理 / 資金管理 げんきんかんり / しきんかんり
cash management account (CMA)	資金管理口座 しきんかんりこうざ
cash management system (CMS)	現金管理制度 / 資金管理制度 げんきんかんりせいど / しきんかんりせいど
cash on hand	手許現金 てもとげんきん
cash payment journals	現金支払帳 げんきんしはらいちょう
cash payments	現金支払 げんきんしはらい
cash receipts journals	現金収納帳 げんきんしゅうのうちょう
cash sales	現金販売 げんきんはんばい

C

현금출납장 hyongeumchulrapjjang	现金日记账 xiànjīnrìjìzhàng
현금실사 hyongeumsilssa	现金盘点检查 xiànjīnpándiǎnjiǎnchá
현금할인 hyongeumharin	现金折扣 xiànjīnzhékòu
현금과부족 hyongeumgwabujok	现金差异 xiànjīnchāyi
현금배당 hyongeumbaedang	现金股利 xiànjīngǔli
현금성자산 hyongeumssongjasan	现金等价物 / 约当现金 xiànjīnděngjiàwù/yuēdāngxiànjīn
현금지출 hyongeumjichul	现金支出 xiànjīnzhīchū
현금흐름 hyongeumheureum	现金流量 xiànjīnliúliàng
투자활동으로 인한 현금흐름 tujahwalttongeuro inhan hyongeumheureum	投资活动产生的现金流 tóuzīhuódòngchǎnshēngdexiànjīnliú
현금흐름위험회피 hyongeumheureumwihomhwepi	现金流量套期 xiànjīnliúliàngtàoqī
재무활동으로 인한 현금흐름 jaemuhwalttongeuro inhan hyongeumheureum	筹资活动产生的现金流 chóuzīhuódòngchǎnshēngdexiànjīnliú
영업활동으로 인한 현금흐름 yongopwalttongeuro inhan hyongeumheureum	经营活动产生的现金流 jīngyínghuódòngchǎnshēngdexiànjīnliú
영업활동에서 창출된 현금 yongopwalttongeso changchuldwen hyongeum	经营活动产生的现金 jīngyínghuódòngchǎnshēngdexiànjīn
현금관리 hyongeumgwalri	现金管理 xiànjīnguǎnlǐ
금융자산관리계좌 geumyungjasangwalrigyejwa	现金管理账户 xiànjīnguǎnlǐzhànghù
현금관리제도 hyongeumgwalrijedo	现金管理制度 xiànjīnguǎnlǐzhìdù
보유 현금 boyu hyongeum	库存现金 kùcúnxiànjīn
현금지급장 hyongeumjikkeupjjang	现金支出日记账 xiànjīnzhīchūrìjìzhàng
현금지급 hyongeumjigeup	现金支付 xiànjīnzhīfù
현금수입장 hyongeumsuipjjang	现金收入日记账 xiànjīnshōurùrìjìzhàng
현금판매 hyongeumpanmae	现金销售 xiànjīnxiāoshòu

cash shortfall	資金不足 しきんぶそく
cash surrender value	解約返戻金 かいやくへんれいきん
cash transaction	現金取引 げんきんとりひき
cashability	換金性 かんきんせい
cash-generating unit	現金生成単位 / 資金生成単位 げんきんせいせいたんい / しきんせいせいたんい
cashier's check	自己宛小切手 じこあてこぎって
cash-settled share option	現金決済型株式オプション げんきんけっさいがたかぶしきおぷしょん
cash-settled share-based payment transaction	現金決済型株式報酬取引 げんきんけっさいがたかぶしきほうしゅうとりひき
catastrophe bond	大災害債券 / キャット・ボンド だいさいがいさいけん / きゃっとぼんど
catastrophe provisions	大災害リスク準備金 だいさいがいりすくじゅんびきん
causality	因果関係 いんがかんけい
cause	原因 げんいん
Central Bank	中央銀行 ちゅうおうぎんこう
certain period	一定期間 いっていきかん
certificate of deposit (CD)	譲渡性預金証書 じょうとせいよきんしょうしょ
certificates	証書 しょうしょ
certification	認証 にんしょう
Certified Public Accountant (CPA)	公認会計士 こうにんかいけいし
Chaebol tax	財閥税 ざいばつぜい
changes in accounting estimates	会計上の見積りの変更 かいけいみつもりのへんこう
changes in accounting policies	会計方針の変更 かいけいほうしんのへんこう

현금 부족액	现金短缺
hyongeum bujogaek	xiànjīnduǎnquē
해약환급금	解约退还金
haeyakwangeupkkeum	jiěyuētuìhuánjīn
현금거래	现金交易
hyongeumgorae	xiànjīnjiāoyì
환금성	变现能力
hwangeumsong	biànxiànnénglì
현금창출단위	现金产出单元
hyongeumchangchuldanwi	xiànjīnchǎnchūdānyuán
자기앞수표	银行本票
jagiapssupyo	yínhángběnpiào
현금으로 차액결제하는 주식옵션	现金结算股票期权
hyongeumeuro chaaekkkyoljjehaneun jusigopssyon	xiànjīnjiésuàngǔpiàoqīquán
현금결제형 주식기준보상거래	以现金结算的股份支付交易
hyongeumgyoljjehyong jusikkkijunbosanggorae	yǐxiànjīnjiésuàndegǔfènzhīfùjiāoyì
비상위험채권	巨灾债券
bisangwihomchaekkwon	jùzāizhàiquàn
비상위험준비금	巨灾准备金
bisangwihomjunbigeum	jùzāizhǔnbèijīn
인과관계	因果关系
ingwagwangye	yīnguǒguānxi
원인	原因
wonin	yuányīn
중앙은행	中央银行
jungangeunhaeng	zhōngyāngyínháng
일정 기간	一段时期
iljjong gigan	yīduànshíqī
양도성예금증서	存款证书 / 存单 / 存款单
yangdosongnyegeumjeungso	cúnkuǎnzhèngshū/cúndān/cúnkuǎndān
증서	证书
jeungso	zhèngshū
인증	证明
injeung	zhèngmíng
공인회계사	注册会计师
gonginhwegyesa	zhùcèkuàijishī
재벌세	韩国财阀税
jaebolse	hánguócáifáshuì
회계추정의 변경	会计估计变更
hwegyechujonge byongyong	kuàijìgūjìbiàngēng
회계정책의 변경	会计政策变更
hwegyejongchaege byongyong	kuàijìzhèngcèbiàngēng

Chartered Accountants (CA)	勅許会計士 ちょっきょかいけいし
chart of accounts	勘定科目表 かんじょうかもくひょう
check	当座小切手 とうざこぎって
checkbook	小切手帳 こぎってちょう
checking account	当座預金 とうざよきん
checking account agreement	当座契約 とうざけいやく
chief executive officer (CEO)	最高経営責任者 さいこうけいえいせきにんしゃ
chief financial officer (CFO)	最高財務責任者 さいこうざいむせきにんしゃ
chief operating decision maker (CODM)	最高経営意思決定者 さいこうけいえいいしけっていしゃ
claim	請求権 せいきゅうけん
claim for distribution of residual property	残余財産分配請求権 ざんよざいさんぶんぱいせいきゅうけん
claim for residual	残余請求権 ざんよせいきゅうけん
classification	分類 ぶんるい
classification and measurement (C&M)	分類及び測定 ぶんるいおよびそくてい
classified by nature	性質別分類 せいしつべつぶんるい
classified taxation	分類課税 ぶんるいかぜい
clean-up call	クリーンアップコール / 期限前償還権 くりーんあっぷこーる / きげんまえしょうかんけん
closed-end mortgage bonds	閉鎖式担保付社債 へいさしきたんぽつきしゃさい
closing balance	締切残高 しめきりざんだか
closing entries	決算仕訳 けっさんしわけ
closing entry	締切仕訳 しめきりしわけ

공인회계사 gonginhwegyesa	特许会计师 tèxǔkuàijìshī
계정과목표 gyejonggwamokpyo	会计科目表 kuàijìkēmùbiǎo
당좌수표 dangjwasupyo	支票 zhīpiào
수표책 supyochaek	支票簿 zhīpiàobù
당좌예금 dangjwayegeum	活期存款账户 huóqīcúnkuǎnzhànghù
당좌계약 dangjwagyeyak	活期存款账户协议 huóqīcúnkuǎnzhànghùxiéyì
최고경영책임자 chwegogyongyongchaegimja	首席执行官 shǒuxízhíxíngguān
최고재무관리자 chwegojaemugwalrija	首席财务官 shǒuxícáiwùguān
최고영업의사결정자 chwegoyongobuisagyoljongja	首席运营决策者 shǒuxíyùnyíngjuécèzhě
청구권 chonggukkwon	诉求权 sùqiúquán
잔여재산분배청구권 janyojaesanbunbaechonggukkwon	剩余财产分配请求权 shèngyúcáichǎnfēnpèiqǐngqiúquán
잔여청구권 janyochonggukkwon	剩余诉求权 shèngyúsùqiúquán
분류 bulryu	分类 fēnlèi
분류 및 측정 bulryu mit cheukjjong	分类与计量 fēnlèiyǔjìliàng
성격별 분류 songkkyokppyol bulryu	按性质分类 ànxìngzhìfēnlèi
분류과세 bulryugwase	分类征税 fēnlèizhēngshuì
잔여부분을 재매입할 수 있는 권리 janyobubuneul jaemaeipal ssu inneun gwolri	结算选择权／清偿买权 jiésuànxuǎnzéquán/qīngchángmǎiquán
폐쇄식담보부사채 pyeswaesikttambobusachae	限额抵押债券 xiànédǐyāzhàiquàn
기말잔액 gimaljanaek	结转余额 jiézhuǎnyúé
결산분개 gyolssanbungae	结转分录 jiézhuǎnfēnlù
마감분개 magambungae	结账分录 jiézhàngfēnlù

C

closing market prices	終値 おわりね
closing of accounts and adjusting entry	決算手続と修正仕訳 けっさんてつづきとしゅうせいしわけ
closing rate	決算日レート けっさんびれーと
coin	硬貨 こうか
collateral arrangements	担保契約 たんぽけいやく
collectability threshold	回収可能性の閾値 かいしゅうかのうせいのいきち
collectible amount	回収可能額 かいしゅうかのうがく
collecting period	回収期間 かいしゅうきかん
collection of receivables	代金回収 / 債権回収 だいきんかいしゅう / さいけんかいしゅう
combined financial statements	結合財務諸表 けつごうざいむしょひょう
commercial loans	商業ローン しょうぎょうろーん
commercial loans	商工ローン しょうこうろーん
commercial paper	コマーシャル・ペーパー こまーしゃるぺーぱー
commercial properties	商業用不動産 しょうぎょうようふどうさん
commercial substance	商業的実質 しょうぎょうてきじっしつ
commission	手数料 てすうりょう
commission received in advance	前受手数料 まえうけてすうりょう
commitment	コミットメント / 約束 / 関与 / 契約 こみっとめんと / やくそく / かんよ / けいやく
commodity	コモディティ / 現物商品 こもでぃてぃ / げんぶつしょうひん
commodity backed bonds	商品連動社債 しょうひんれんどうしゃさい
commodity trading business	商品売買業 しょうひんばいばいぎょう

종가 jongkka	收盘价 shōupánjià
결산 및 수정분개 gyolssan mit sujongbungae	结账和调整分录 jiézhànghétiáozhěngfēnlù
마감환율 magamhwanyul	收盘汇率 shōupánhuìlǜ
동전 dongjon	硬币 yìngbì
담보계약 dambogyeyak	担保安排 dānbǎoānpái
회수가능성 기준 hwesuganeungssong gijun	可收回性条件 kěshōuhuíxìngtiáojiàn
회수가능액 hwesuganeungaek	可回收金额 kěhuíshōujīné
회수기간 hwesugigan	回收期 huíshōuqī
채권회수 chaekkwonhwesu	应收账款回收 yīngshōuzhàngkuǎnhuíshōu
결합재무제표 gyolhapjjaemujepyo	合并财务报表 hébìngcáiwùbàobiǎo
무담보상업대출 mudambosangopttaechul	商业贷款 shāngyèdàikuǎn
상업대출 sangopttaechul	商业贷款 shāngyèdàikuǎn
기업어음 gioboeum	商业票据 shāngyèpiàojù
상업용 부동산 sangobyong budongsan	商业性房地产 shāngyèxìngfángdìchǎn
상업적 실질 sangopjjok siljjil	商业实质 shāngyèshízhì
수수료 susuryo	佣金 / 手续费 yòngjīn/shǒuxùfèi
선수수수료 sonsususuryo	预收佣金 yùshōuyòngjīn
약정 / 확약 yakjjong/hwagyak	承诺 chéngnuò
일반상품 ilbansangpum	商品 shāngpǐn
상품연계사채 sangpumnyongyesachae	商品抵押债券 shāngpǐndǐyāzhàiquàn
상품매매업 sangpummaemaeop	商品交易业务 shāngpǐnjiāoyìyèwù

commodity unit price	商品単価
	しょうひんたんか
common size balance sheet	百分率貸借対照表
	ひゃくぶんりつたいしゃくたいしょうひょう
common size comprehensive income statement	百分率包括損益計算書
	ひゃくぶんりつほうかつそんえきけいさんしょ
common size financial statements	百分率財務諸表
	ひゃくぶんりつざいむしょひょう
common stock	普通株 / 普通株式
	ふつうかぶ / ふつうかぶしき
common stock capital	普通株式資本金
	ふつうかぶしきしほんきん
communication	コミュニケーション
	こみゅにけーしょん
communication expenses	通信費
	つうしんひ
communication industry	通信業界
	つうしんぎょうかい
comparability	比較可能性
	ひかくかのうせい
comparability over time	期間比較可能性
	きかんひかくかのうせい
comparative financial statements	比較財務諸表
	ひかくざいむしょひょう
compensation cost	損害補償費用
	そんがいほしょうひよう
competition	競争
	きょうそう
competitiveness	競争力
	きょうそうりょく
competitive power	競争力
	きょうそうりょく
competitor	競合他社
	きょうごうたしゃ
complementary assets	補完資産
	ほかんしさん
complete information	完全情報
	かんぜんじょうほう
complete set of financial statements	完全な一組の財務諸表
	かんぜんなひとくみのざいむしょひょう
completeness	完全性
	かんぜんせい

상품단가 sangpumdankka	商品单价 shāngpǐndānjià
백분율 재무상태표 baekppunnyul jaemusangtaepyo	百分比资产负债表 bǎifēnbǐzīchǎnfùzhàibiǎo
백분율 포괄손익계산서 baekppunnyul pogwalsonikkkyesanso	百分比综合收益表 bǎifēnbǐzònghéshōuyibiǎo
백분율 재무제표 baekppunnyul jaemujepyo	百分比财务报表 bǎifēnbǐcáiwùbàobiǎo
보통주 botongju	普通股 pǔtōnggǔ
보통주자본금 botongjujabongeum	普通股股本 pǔtōnggǔgǔběn
의사소통 uisasotong	沟通 gōutōng
통신비 tongsinbi	通信费 tōngxìnfèi
통신업계 tongsinopkkye	通信业 tōngxìnyè
비교가능성 bigyoganeungssong	可比性 kěbǐxìng
기간별 비교가능성 giganbyol bigyoganeungssong	不同期间的可比性 bùtóngqījiāndekěbǐxìng
비교재무제표 bigyojaemujepyo	比较财务报表 bǐjiàocáiwùbàobiǎo
보상원가 bosangwonkka	补偿费用 bǔchángfèiyòng
경쟁 gyongjaeng	竞争 jìngzhēng
경쟁력 gyongjaengnyok	竞争力 jìngzhēnglì
경쟁력 gyongjaengnyok	竞争力 jìngzhēnglì
경쟁기업 gyongjaenggiop	竞争对手 jìngzhēngduìshǒu
서로 보완적인 자산 soro bowanjogin jasan	互补性资产 hùbǔxìngzīchǎn
완전한 정보 wanjonhan jongbo	完整信息 wánzhěngxìnxī
전체 재무제표 jonche jaemujepyo	整套财务报表 zhěngtàocáiwùbàobiǎo
완전성 wanjonssong	完整性 wánzhěngxìng

composite depreciation method	総合償却法 そうごうしょうきゃくほう
compound financial instruments	複合金融商品 ふくごうきんゆうしょうひん
compound interest bonds	複利債 ふくりさい
compound interest effect	複利効果 ふくりこうか
comprehensive income	包括利益 / 総合所得 ほうかつりえき / そうごうしょとく
comprehensive income statement classified by nature	性格別分類包括損益計算書 せいかくべつぶんるいほうかつそんえきけいさんしょ
comprehensive taxation	総合課税 そうごうかぜい
computer	コンピュータ こんぴゅーた
computerized accounting system	コンピュータ会計システム こんぴゅーたかいけいしすてむ
concentration of risk	リスクの集中 りすくのしゅうちゅう
concept	概念 がいねん
conceptual framework	概念フレームワーク がいねんふれーむわーく
conceptual framework for financial reporting	財務報告の概念フレームワーク ざいむほうこくのがいねんふれーむわーく
conceptual framework of financial accounting	財務会計の概念フレームワーク ざいむかいけいのがいねんふれーむわーく
confidence level	信頼水準 しんらいすいじゅん
configuration of the cash flows	キャッシュ・フローの状況 きゃっしゅふろーのじょうきょう
confirmatory value of information	情報の確認価値 じょうほうのかくにんかち
conservatism	保守主義 ほしゅしゅぎ
consideration	対価 たいか
consignment goods	委託品 いたくひん
consignment sale	委託販売 いたくはんばい

종합상각법 jonghapssanggakppop	综合折旧法 zōnghézhéjiùfǎ
복합금융상품 bokapkkeumyungsangpum	复合金融工具 fùhéjīnrónggōngjù
복리채 bongnichae	复利债券 fùlìzhàiquàn
복리효과 bongnihyokkwa	复利效应 fùlìxiàoyìng
포괄이익 / 종합소득 pogwalriik/jonghapssodeuk	综合收益 zōnghéshōuyì
성격별 포괄손익계산서 songkkyokppyol pogwalsonikkkyesanso	按性质分类的综合收益表 ànxingzhìfēnlèidezōnghéshōuyìbiǎo
종합과세 jonghapkkwase	综合征税 zōnghézhēngshuì
컴퓨터 kompyuto	计算机 jìsuànjī
전산회계시스템 jonsanhwegyessisseutem	电算化会计系统 diànsuànhuàkuàijìxìtǒng
위험의 집중화 wihome jipjjunghwa	风险的集中 fēngxiǎndejízhōng
개념 gaenyom	概念 gàiniàn
개념체계 gaenyomchegye	概念框架 gàiniànkuàngjià
재무보고의 개념체계 jaemubogoe gaenyomchegye	财务报告概念框架 cáiwùbàogàogàiniànkuàngjià
재무회계 개념체계 jaemuhwegye gaenyomchegye	财务会计概念框架 cáiwùkuàijìgàiniànkuàngjià
신뢰수준 silrwesujun	置信水平 zhìxìnshuǐpíng
현금흐름의 구성 hyongeumheureume gusong	现金流量状况 / 现金流量型态 xiànjīnliúliàngzhuàngkuàng/xiànjīnliúliàngxíngtài
정보의 확증가치 jongboe hwakjjeunggachi	信息的证实价值 / 信息的确认价值 xìnxīdezhèngshíjiàzhí/xìnxīdíquèrènjiàzhí
보수주의 bosujui	稳健性 wěnjiànxìng
대가 daekka	对价 duìjià
위탁상품 witakssangpum	寄销品 jìxiāopǐn
위탁판매 witakpanmae	寄售 jìshòu

consistency	継続性 けいぞくせい
consistency principle	継続性の原則 けいぞくせいのげんそく
consolidated balance sheet	連結貸借対照表 れんけつたいしゃくたいしょうひょう
consolidated financial statements	連結財務諸表 れんけつざいむしょひょう
consolidated group	連結集団 れんけつしゅうだん
consolidated information	連結情報 れんけつじょうほう
consolidated statement of cash flows	連結キャッシュ・フロー計算書 れんけつきゃっしゅふろーけいさんしょ
consolidated statement of changes in equity	連結持分変動計算書 れんけつもちぶんへんどうけいさんしょ
consolidated statement of comprehensive income	連結包括利益計算書 れんけつほうかつりえきけいさんしょ
consolidated statement of financial position	連結財政状態計算書 れんけつざいせいじょうたいけいさんしょ
consolidated statement of profit or loss	連結純損益計算書 れんけつじゅんそんえきけいさんしょ
consolidation adjustments	連結修正 れんけつしゅうせい
constitution	定款 ていかん
constraint factor	制約要因 せいやくよういん
construction agreement for residential property	分譲契約工事 ぶんじょうけいやくこうじ
construction contract	建設請負契約 けんせつうけおいけいやく
construction in progress	建設仮勘定 けんせつかりかんじょう
construction industry	建設業 けんせつぎょう
construction work	建設工事 けんせつこうじ
constructive obligation	推定的債務 すいていてきさいむ
consumer	消費者 しょうひしゃ

일관성
ilgwansong

一致性
yīzhixing

계속성의 원칙
gyesokssonge wonchik

一致性原则
yīzhixingyuánzé

연결재무상태표
yongyoljaemusangtaepyo

合并资产负债表
hébìngzīchǎnfùzhàibiǎo

연결재무제표
yongyoljaemujepyo

合并财务报表
hébìngcáiwùbàobiǎo

연결실체
yongyolsilche

合并集团
hébìngjítuán

연결정보
yongyoljongbo

合并财务报表信息 / 综合信息
hébìngcáiwùbàobiǎoxìnxī/zònghéxìnxī

연결현금흐름표
yongyolhyongeumheureumpyo

合并现金流量表
hébìngxiànjīnliúliàngbiǎo

연결자본변동표
yongyoljabonbyondongpyo

合并所有者权益变动表
hébìngsuǒyǒuzhěquányìbiàndòngbiǎo

연결포괄손익계산서
yongyolpogwalsonikkyesanso

合并综合收益表
hébìngzōnghéshōuyìbiǎo

연결재무상태표
yongyoljaemusangtaepyo

合并财务状况表
hébìngcáiwùzhuàngkuàngbiǎo

연결손익계산서
yongyolsonikkyesanso

合并利润表
hébìnglìrùnbiǎo

연결 조정
yongyol jojong

合并调整
hébìngtiáozhěng

정관
jonggwan

章程
zhāngchéng

제약요인
jeyangnyoin

约束条件
yuēshùtiáojiàn

분양계약공사
bunyanggyeyakkkongsa

住宅物业建筑合同
zhùzháiwùyèjiànzhùhétong

건설계약
gonsolgyeyak

建造合同
jiànzàohétong

건설중인자산
gonsoljungninjasan

在建工程
zàijiàngōngchéng

건설업
gonsorop

建筑行业
jiànzhùhángyè

건설공사
gonsolgongsa

建设工程
jiànshègōngchéng

의제의무
uijeuimu

推定义务
tuīdìngyìwù

소비자
sobija

消费者
xiāofèizhě

consumer price index	消費者物価指数
	しょうひしゃぶっかしすう
consumerable biological assets	消費用生物資産
	しょうひようせいぶつしさん
consumption behavior	消費行動
	しょうひこうどう
contingency	偶発事象
	ぐうはつじしょう
contingent assets	偶発資産
	ぐうはつしさん
contingent consideration	条件付対価
	じょうけんつきたいか
contingent liability	偶発債務 / 偶発負債
	ぐうはつさいむ / ぐうはつふさい
contingent rent	変動リース料
	へんどうりーすりょう
contingent settlement provision	条件付決済条項
	じょうけんつきけっさいじょうこう
contingent share agreement	条件付株式発行契約
	じょうけんつきかぶしきはっこうけいやく
continuing involvement	継続的関与
	けいぞくてきかんよ
continuing operations	継続事業
	けいぞくじぎょう
continuing rise	持続的上昇
	じぞくてきじょうしょう
continuous compounding	連続複利計算
	れんぞくふくりけいさん
continuous recording	継続記録
	けいぞくきろく
contra asset accounts	資産相殺勘定
	しさんそうさいかんじょう
contra equity accounts	資本相殺勘定
	しほんそうさいかんじょう
contract	契約
	けいやく
contract amount	契約金
	けいやくきん
contract asset	契約資産
	けいやくしさん
contract liability	契約負債
	けいやくふさい

소비자물가지수 sobijamulkkajisu	消费者物价指数 xiāofèizhěwùjiàzhǐshù
소비용생물자산 sobiyongsaengmuljasan	消耗性生物资产 xiāohàoxingshēngwùzīchǎn
소비행태 sobihaengtae	消费行为 xiāofèixíngwéi
우발상황 ubalsanghwang	或有事项 huòyǒushìxiàng
우발자산 ubaljasan	或有资产 huòyǒuzīchǎn
조건부대가 jogonbudaekka	或有对价 huòyǒuduìjià
우발채무 ubalchaemu	或有负债 huòyǒufùzhài
조정리스료 jojongnisseuryo	或有租金 huòyǒuzūjīn
조건부 결제조항 jogonbu gyoljjejohang	或有结算条款 huòyǒujiésuàntiáokuǎn
조건부주식약정 jogonbujusingnyakjjong	或有股份协议 huòyǒugǔfènxiéyì
지속적 관여 jisokjjok gwanyo	持续参与 chíxùcānyù
계속영업 gyesongnyongop	持续经营 chíxùjīngyíng
지속적상승 jisokjjokssangseung	持续上升 chíxùshàngshēng
연속복리계산 yonsokppongnigyesan	连续复利计算 liánxùfùlìjìsuàn
계속기록 gyesokkkirok	连续记录 liánxùjìlù
자산의 차감계정 jasane chagamgyejong	资产备抵账户 zīchǎnbèidǐzhànghù
자본의 차감계정 jabone chagamgyejong	权益备抵账户 quányìbèidǐzhànghù
계약 gyeyak	合同 hétong
계약금 gyeyakkkeum	合同金额 hétongjīné
계약자산 gyeyakjjasan	合同资产 hétongzīchǎn
계약부채 gyeyakppuchae	合同负债 hétongfùzhài

contract-based intangible assets	契約による無形資産 けいやくによるむけいしさん
contracts with customers	顧客との契約 こきゃくとのけいやく
contractual arrangement	契約上の取決め けいやくじょうのとりきめ
contractual interest rate	契約金利 けいやくきんり
contractual obligation	契約上の義務 けいやくじょうのぎむ
contractual rights	契約上の権利 けいやくじょうのけんり
contributed capital	拠出資本 きょしゅつしほん
contribution from holders/owners of equity	増資／増資額 ぞうし／ぞうしがく
contribution in kind	現物出資 げんぶつしゅっし
contribution margin	貢献利益 こうけんりえき
control	支配／統制 しはい／とうせい
control account	統制勘定 とうせいかんじょう
control environment	統制環境 とうせいかんきょう
control method	統制方法 とうせいほうほう
controllability	支配可能性 しはいかのうせい
controlling company	支配会社 しはいがいしゃ
controlling enterprise	支配企業 しはいきぎょう
conversion price	転換価格 てんかんかかく
conversion rights	転換権 てんかんけん
convertible bond	転換社債 てんかんしゃさい
convertible preferred stock	転換優先株 てんかんゆうせんかぶ

계약에 기초한 무형자산 gyeyage gichohan muhyongjasan	以合同为基础的无形资产 yǐhétongwèijīchǔdewúxíngzīchǎn
고객과의 계약 gogaekkkwae gyeyak	与客户之间的合同 yǔkèhùzhījiāndehétong
계약상 약정 gyeyakssang yakjjong	合同安排 hétongānpái
계약이자율 gyeyangnijayul	合同利率 hétonglìlǜ
계약상 의무 gyeyakssang uimu	合同义务 hétongyìwù
계약상 권리 gyeyakssang gwolri	合同权利 hétongquánlì
납입자본 nabipjjabon	投入资本 tóurùzīběn
증자 / 증자액 jeungja/jeungjaaek	增资 / 增资额 zēngzī/zēngzīé
현물출자 hyonmulchuljja	实物出资 shíwùchūzī
공헌이익 gonghonniik	贡献毛益 gòngxiànmáoyì
지배 / 통제 jibae/tongje	控制 kòngzhì
통제계정 tongjegyejong	统制账户 tǒngzhìzhànghù
통제환경 tongjehwangyong	控制环境 kòngzhìhuánjìng
통제방법 tongjebangbop	控制方法 kòngzhìfāngfǎ
통제가능성 tongjeganeungssong	可控性 kěkòngxìng
지배회사 jibaehwesa	控股公司 kònggǔgōngsī
지배기업 jibaegiop	控股企业 kònggǔqǐyè
전환가격 jonhwangagyok	转换价格 zhuǎnhuànjiàgé
전환권 jonhwankkwon	转换权 zhuǎnhuànquán
전환사채 jonhwansachae	可转换公司债 kězhuǎnhuàngōngsīzhài
전환우선주 jonhwanusonju	可转换优先股 kězhuǎnhuànyōuxiāngǔ

copyright	著作権 ちょさくけん
corporate activities	企業活動 きぎょうかつどう
corporate governance	コーポレート・ガバナンス / 企業統治 こーぽれーとがばなんす / きぎょうとうち
corporate income tax	法人税 ほうじんぜい
corporate language	企業言語 きぎょうげんご
corporate social responsibility	企業の社会的責任 きぎょうのしゃかいてきせきにん
corporate strategy	企業戦略 きぎょうせんりゃく
corporate tax expense	法人税費用 ほうじんぜいひよう
corporation	法人 / 株式会社 ほうじん / かぶしきがいしゃ
correction of prior period errors	過去の誤謬の修正 かこのごびゅうのしゅうせい
corridor approach	回廊アプローチ / 回廊方式 かいろうあぷろーち / かいろうほうしき
cost	原価 げんか
cost accounting	原価計算 げんかけいさん
cost allocation	原価配分 げんかはいぶん
cost approach	原価アプローチ げんかあぷろーち
cost behavior	コスト・ビヘイビア こすとびへいびあ
cost estimate	原価見積 げんかみつもり
cost flow	コストフロー こすとふろー
cost information	原価情報 げんかじょうほう
cost innovation	コスト・イノベーション こすといのべーしょん
cost management	コスト・マネジメント / 原価管理 こすとまねじめんと / げんかかんり

저작권 jojakkkwon	著作权 zhùzuòquán
기업활동 giopwalttong	企业活动 qǐyèhuódòng
기업지배 / 기업지배구조 giopjjibae/giopjjibaegujo	公司治理 gōngsīzhìlǐ
법인세 bobinsse	企业所得税 qǐyèsuǒdéshuì
기업의 언어 giobe ono	企业语言 qǐyèyǔyán
기업의 사회적 책임 giobe sahwejok chaegim	企业社会责任 qǐyèshèhuìzérèn
기업전략 giopjjolryak	企业战略 qǐyèzhànlüè
법인세비용 bobinssebiyong	所得税费用 suǒdéshuìfèiyòng
법인 / 주식회사 bobin/jusikwesa	法人 / 公司 fǎrén/gōngsī
전기오류의 수정 jongioryui sujong	前期差错更正 qiánqīchācuògēngzhèng
범위접근법 bomwijopkkeunbop	走廊法 zǒulángfǎ
원가 wonkka	成本 chéngběn
원가계산 wonkkagyesan	成本会计 chéngběnkuàijì
원가배분 wonkkabaebun	成本分配 chéngběnfēnpèi
원가접근법 wonkkajopkkeunbop	成本法 chéngběnfǎ
원가행태 wonkkahaengtae	成本性态 chéngběnxìngtài
원가추정 wonkkachujong	成本估计 chéngběngūjì
원가흐름 wonkkaheureum	成本流转 chéngběnliúzhuǎn
원가정보 wonkkajongbo	成本信息 chéngběnxìnxī
원가혁신활동 wonkkahyokssinhwalttong	成本创新 chéngběnchuàngxīn
원가관리 wonkkagwalri	成本管理 chéngběnguǎnlǐ

cost management accounting	原価管理会計 げんかかんりかいけい
cost method	原価法 げんかほう
cost model	原価モデル げんかもでる
cost of current products manufactured	当期製品製造原価 とうきせいひんせいぞうげんか
cost of equity capital	自己資本コスト じこしほんこすと
cost of goods manufactured schedule	製造原価明細書 せいぞうげんかめいさいしょ
cost of goods sold	売上原価 うりあげげんか
cost of inventories	棚卸資産原価 たなおろししさんげんか
cost of investment	投資原価 とうしげんか
cost of providing services	サービス提供原価 さーびすていきょうげんか
cost of purchase	購入原価 こうにゅうげんか
cost pool	コストプール こすとぷーる
cost principle	原価主義 げんかしゅぎ
cost-based measurement	原価測定 げんかそくてい
cost-benefit analysis	費用便益分析 ひようべんえきぶんせき
costs of disposal	処分コスト しょぶんこすと
cost-to-sales-revenue ratio	売上原価率 うりあげげんかりつ
cost-volume-profit (CVP) analysis	CVP 分析 しーぶいぴーぶんせき
country of domicile	所在国 しょざいこく
coupon	利札 / クーポン りふだ / くーぽん
coupon bond	利付債 りつきさい

원가관리회계 wonkkagwalrihwegye	成本管理会计 chéngběnguǎnlǐkuàijì
원가법 wonkkappop	成本法 chéngběnfǎ
원가모형 wonkkamohyong	成本模型 chéngběnmóxíng
당기제품제조원가 danggijepumjejowonkka	当期产品生产成本 dāngqīchǎnpǐnshēngchǎnchéngběn
자기자본비용 jagijabonbiyong	权益资本成本 quányìzīběnchéngběn
제조원가명세서 jejowonkkamyongseso	生产成本明细账 shēngchǎnchéngběnmíngxìzhàng
매출원가 maechurwonkka	销售成本 xiāoshòuchéngběn
재고자산의 취득원가 jaegojasane chwideugwonkka	存货成本 cúnhuòchéngběn
투자원가 tujawonkka	投资成本 tóuzīchéngběn
서비스 제공원가 ssobisseu jegongwonkka	服务成本 fúwùchéngběn
매입원가 maeibwonkka	购买成本 gòumǎichéngběn
원가풀 wonkkapul	成本池 chéngběnchí
원가주의 / 원가법 wonkkajui/wonkkappop	成本原则 chéngběnyuánzé
원가에 기초하여 측정 wonkkae gichohayo cheukjjong	历史成本计量 lìshǐchéngběnjìliàng
원가 - 효익 분석 wonkkahyoik bunsok	成本效益分析 chéngběnxiàoyìfēnxī
처분부대원가 chobunbudaewonkka	处置成本 chǔzhìchéngběn
매출원가율 maechurwonkkayul	销售成本率 xiāoshòuchéngběnlǜ
원가 - 조업도 - 이익분석 wonkkajoopttoiikppunsok	本利量分析 běnlìliàngfēnxī
본사 소재지 국가 bonsa sojaeji gukkka	所在国 / 居住国 suǒzàiguó/jūzhùguó
이자표 ijapyo	息票 xīpiào
이표채 ipyochae	附息债券 fùxīzhàiquàn

C

coupon interest rate	表面利率 ひょうめんりりつ
creation of wealth	富の創出 とみのそうしゅつ
credit	貸方 / 信用 / 債権 かしかた / しんよう / さいけん
credit analyst	信用アナリスト しんようあなりすと
credit default swap	クレジット・デフォルト・スワップ くれじっとでふぉるとすわっぷ
credit economy	信用経済 しんようけいざい
credit exposures	クレジット・エクスポージャー くれじっとえくすぽーじゃー
credit insurance contract	信用保険契約 しんようほけんけいやく
credit investigation	信用調査 しんようちょうさ
credit limits	信用供与限度額 しんようきょうよげんどがく
credit losses	貸倒 かしだおれ
credit period	与信期間 よしんきかん
credit policy	クレジットポリシー くれじっとぽりしー
credit position	信用状態 しんようじょうたい
credit quality	信用度 しんようど
credit rating	信用格付 しんようかくづけ
credit rating agency	信用格付機関 しんようかくづけきかん
credit receivables	受取債権 うけとりさいけん
credit risk	信用リスク しんようりすく
credit sales	売掛金 / 信用販売 うりかけきん / しんようはんばい
credit spread	信用スプレッド しんようすぷれっど

표면금리 / 명목상금리 pyomyongeumni/myongmokssanggeumni	票面利率 piàomiànlìlǜ
부의 창출 bue changchul	财富的创造 cáifùdechuàngzào
대변 / 신용 / 채권 daebyon/sinyong/chaekkwon	贷方 / 信用 / 债权 dàifāng/xìnyòng/zhàiquán
신용분석가 sinyongbunsokkka	信用分析师 xìnyòngfēnxīshī
신용부도스왑 sinyongbudoseuwap	信用违约互换 xìnyòngwéiyuēhùhuàn
신용사회 sinyongsahwe	信用经济 xìnyòngjīngji
신용익스포저 sinyongniksseupojo	信贷风险 xìndàifēngxiǎn
신용보험계약 sinyongbohomgyeyak	信用保险合同 xìnyòngbǎoxiǎnhétong
신용조사 sinyongjosa	信用调查 xìnyòngdiàochá
대출 한도액 daechul handoaek	信用额度 xìnyòngédù
대손 daeson	坏账 / 信用损失 huàizhàng/xìnyòngsǔnshī
신용제공기간 sinyongjegonggigan	信贷期限 xìndàiqīxiàn
신용정책 sinyongjongchaek	信用政策 xìnyòngzhèngcè
신용상태 sinyongsangtae	资信情况 zīxìnqíngkuàng
여신건정성 yosingonjongsong	信用质量 xìnyòngzhìliàng
신용등급 sinyongdeunggeup	信用评级 xìnyòngpíngjí
신용평가기관 sinyongpyongkkagigwan	信用评级机构 xìnyòngpíngjíjīgòu
수취채권 suchwichaekkwon	应收账款 yīngshōuzhàngkuǎn
신용위험 sinyongwihom	信用风险 xìnyòngfēngxiǎn
외상매출 / 신용판매 wesangmaechul/sinyongpanmae	赊销 shēxiāo
신용 가산금리 sinyong gasangeumni	信用价差 xìnyòngjiàchā

credit transactions	信用取引 しんようとりひき
credit-adjusted effective interest rate	信用調整後の実効金利 しんようちょうせいごのじっこうきんり
credit-impaired financial asset	信用減損金融資産 しんようげんそんきんゆうしさん
creditor	債権者 さいけんしゃ
creditors' equity	債権者持分 さいけんしゃもちぶん
currency unit (CU)	通貨単位 / 貨幣単位 つうかたんい / かへいたんい
cumulative deficit	累積赤字 るいせきあかじ
cumulative dividend	累積配当金 るいせきはいとうきん
cumulative earnings	累積利益 るいせきりえき
cumulative effect of accounting policy changes	会計方針の変更による累積的影響額 かいけいほうしんのへんこうによるるいせきてきえいきょうがく
cumulative preferred stock	累積的優先株 るいせきてきゆうせんかぶ
cumulative redeemable preference shares	累積型償還可能優先株式 るいせきがたしょうかんかのうゆうせんかぶしき
cumulative translation differences	累積換算差額 るいせきかんさんさがく
currency	通貨 つうか
currency crisis	通貨危機 つうかきき
currency risk	通貨リスク つうかりすく
currency substitution securities	通貨代用証券 つうかだいようしょうけん
current accrued expenses	当期発生費用 とうきはっせいひよう
current approach for accounting changes	当期一括処理法 とうきいっかつしょりほう
current assets	流動資産 りゅうどうしさん
current cost	現在原価 げんざいげんか

신용거래 sinyonggorae	信用交易 xìnyòngjiāoyì
신용조정 유효이자율 sinyongjojong yuhyoijayul	经信用调整的实际利率 jīngxìnyòngtiáozhěngdeshíjìlìlǜ
신용이 손상되어 있는 금융자산 sinyongi sonsangdweo inneun geumyungjasan	信用减值金融资产 xìnyòngjiǎnzhíjīnróngzīchǎn
채권자 chaegwonja	债权人 zhàiquánrén
채권자지분 chaegwonjajibun	债权人权益 zhàiquánrénquányì
통화단위 / 화폐단위 tonghwadanwi/hwapyedanwi	货币单位 huòbìdānwèi
누적적자 nujokjjokjja	累积赤字 lěijīchìzì
누적배당금 nujokppaedanggeum	累积股息 lěijīgǔxī
누적이익 nujongniik	累积利润 lěijīlìrùn
회계정책변경누적효과 hwegyejongchaekppyongyongnujokyokkwa	会计政策变更的累积效应 kuàijìzhèngcèbiàngēngdelěijīxiàoyìng
누적적 우선주 nujokjjok usonju	累积优先股 lěijīyōuxiāngǔ
누적적 상환가능우선주 nujokjjok sanghwanganeungusonju	累积可赎回优先股 lěijīkěshúhuíyōuxiāngǔ
누적환산차이 nujokwansanchai	累积折算差异 lěijīzhésuànchāyì
통화 tonghwa	货币 huòbì
외환위기 wehwanwigi	货币危机 huòbìwéijī
환위험 hwanwihom	货币风险 huòbìfēngxiǎn
통화대용증권 tonghwadaeyongjeungkkwon	货币替代证券 huòbìtìdàizhèngquàn
당기발생비용 danggibalssaengbiyong	当期应计费用 dāngqīyīngjìfèiyòng
당기일괄처리법 danggiilgwalchorippop	会计变更的常规方法　※英語を直訳 kuàijìbiàngēngdechángguīfāngfǎ
유동자산 yudongjasan	流动资产 liúdòngzīchǎn
현행원가 hyonhaengwonkka	现行成本 xiànxíngchéngběn

current exit value	現在出口価値 げんざいでぐちかち
current liabilities	流動負債 りゅうどうふさい
current maturities of long-term borrowing debt	1 年内返済予定の長期借入負債 いちねんないへんさいよていのちょうきかりいれふさい
current maturities of long-term debt	1 年内返済予定の長期負債 いちねんないへんさいよていのちょうきふさい
current net income	当期純利益 とうきじゅんりえき
current net loss	当期純損失 とうきじゅんそんしつ
current purchase	当期仕入 とうきしいれ
current purchase quantity	当期仕入数量 とうきしいれすうりょう
current purchased merchandise	当期仕入商品 とうきしいれしょうひん
current purchased quantity	当期仕入量 とうきしいれりょう
current ratio	流動比率 りゅうどうひりつ
current replacement costs	再調達原価 さいちょうたつげんか
current reporting year	当報告年度 とうほうこくねんど
current service cost	当期勤務費用 とうききんむひよう
current shareholders	現在株主 げんざいかぶぬし
current tax liabilities	当期税金負債 / 未払法人税等 とうきぜいきんふさい / みばらいほうじんぜいとう
current total manufacturing costs	当期総製造原価 とうきそうせいぞうげんか
customer	顧客 こきゃく
customer concentration	顧客集中度 こきゃくしゅうちゅうど
customer credit awards	顧客特典クレジット こきゃくとくてんくれじっと
customer dependency	顧客依存度 こきゃくいぞんど

현행유출가치 hyonhaengnyuchulgachi	现行脱手价值 xiànxíngtuōshǒujiàzhí
유동부채 yudongbuchae	流动负债 liúdòngfùzhài
유동성장기차입부채 yudongssongjanggichaipppuchae	一年内到期的长期借款 yīniánnèidàoqīdechángqījièkuǎn
유동성 장기부채 yudongssong janggibuchae	一年内到期的长期负债 yīniánnèidàoqīdechángqīfùzhài
당기순이익 danggisuniik	当期净利润 dāngqījinglìrùn
당기순손실 danggisunsonsil	当期净损失 dāngqījingsǔnshī
당기매입 danggimaeip	当期购货 dāngqīgòuhuò
당기매입수량 danggimaeipssuryang	当期购买数量 dāngqīgòumǎishùliàng
당기매입상품 danggimaeipssangpum	当期购入商品 dāngqīgòurùshāngpǐn
당기매입수량 danggimaeipssuryang	当期购货量 dāngqīgòuhuòliàng
유동비율 yudongbiyul	流动比率 liúdòngbǐlǜ
현행대체원가 hyonhaengdaechewonkka	现行重置成本 xiànxíngchóngzhìchéngběn
당회계연도 danghwegyeyondo	本报告年度 běnbàogàoniándù
당기근무원가 danggigeunmuwonkka	当期服务成本 dāngqīfúwùchéngběn
현재주주 hyonjaejuju	现有股东 xiànyǒugǔdōng
미지급세금 / 미지급법인세 mijigeupssegeum/mijigeupppobinsse	当期所得税负债 dāngqīsuǒdéshuìfùzhài
당기총제조원가 danggichongjejowonkka	当期总制造成本 dāngqīzǒngzhìzàochéngběn
고객 gogaek	顾客 gùkè
고객집중도 gogaekjjipjjungdo	客户集中度 kèhùjizhōngdù
고객보상점수 gogaekpposangjomssu	客户奖励积分 kèhùjiǎnglìjīfēn
고객의존도 gogaeguijondo	客户依存度 kèhùyīcúndù

customer loyalty programme	カスタマー・ロイヤルティ・プログラム かすたまーろいやるてぃぷろぐらむ
customer relationship intangible assets	顧客関係無形資産 こきゃくかんけいむけいしさん
customer royalty programmes	顧客ロイヤリティ・プログラム こきゃくろいやりてぃぷろぐらむ
customs	関税 かんぜい

– D –

daily basis calculation method	日単位計算法 ひたんいけいさんほう
database	データベース でーたべーす
date of resolution	決議日 けつぎび
date of transition to IFRS	IFRS 移行日 いふぁーすいこうび
dealer quotes	ディーラー価格 でぃーらーかかく
death benefit	死亡保険金 しぼうほけんきん
debenture bonds	無担保債 むたんぽさい
debit	借方 かりかた
debt	債務 さいむ
debt certificate	債務証書 さいむしょうしょ
debt covenants	債務契約 さいむけいやく
debt for equity swaps	債務株式化 さいむかぶしきか
debt instruments	負債性金融商品 ふさいせいきんゆうしょうひん
debt investment	負債性金融商品投資 ふさいせいきんゆうしょうひんとうし
debt ratio	負債比率 ふさいひりつ

고객충성제도 gogaekchungsongjedo	顾客忠诚度计划 gùkèzhōngchéngdùjìhuà
고객관계 무형자산 gogaekkkwangye muhyongjasan	客户关系无形资产 kèhùguānxiwúxíngzīchǎn
고객충성제도 gogaekchungsongjedo	客户忠诚度计划 kèhùzhōngchéngdùjìhuà
관세 gwanse	关税 guānshuì
일단위계산법 ildanwigyesanppop	按日计算法 ànrìjìsuànfǎ
데이터베이스 deitobeisseu	数据库 shùjùkù
결의일 gyoriil	决议日 juéyìrì
IFRS 전환일 aiepeuaresseu jonhwannil	国际财务报告准则过渡日 guójìcáiwùbàogàozhǔnzéguòdùrì
딜러 제안가격 dilro jeangagyok	经销商报价 jīngxiāoshāngbàojià
사망급부금 samanggeupppugeum	死亡抚恤金 sǐwángfǔxùjīn
무담보사채 mudambosachae	无担保债券 wúdānbǎozhàiquàn
차변 chabyon	借方 jièfāng
채무 chaemu	债务 zhàiwù
채무증서 chaemujeungso	债务凭证 zhàiwùpíngzhèng
재무약정 jaemuyakjjong	债务合同 zhàiwùhétong
출자전환 chuljjajonhwan	债转股 zhàizhuǎngǔ
채무상품 chaemusangpum	债务工具 zhàiwùgōngjù
채무증권 chaemujeungkkwon	债权性投资 zhàiquánxìngtóuzī
부채비율 buchaebiyul	负债比率 fùzhàibǐlǜ

debt securities	債務証券
	さいむしょうけん
debtor	債務者
	さいむしゃ
debt-to-total assets ratio	負債対総資産比率
	ふさいたいそうしさんひりつ
decision	議決
	ぎけつ
decision	意思決定
	いしけってい
decision tree	意思決定樹形図
	いしけっていじゅけいず
decision-making process	意思決定プロセス
	いしけっていぷろせす
decision-making rights	意思決定権
	いしけっていけん
decision-useful information	意思決定有用性情報
	いしけっていゆうようせいじょうほう
decline	下落
	げらく
declining balance method	定率法
	ていりつほう
decrease	減少
	げんしょう
decrease in assets	資産の減少
	しさんのげんしょう
decrease in capital	資本の減少
	しほんのげんしょう
decrease in liabilities	負債の減少
	ふさいのげんしょう
deductible temporary difference	将来減算一時差異
	しょうらいげんさんいちじさい
deduction	控除
	こうじょ
deduction for donations	寄付金控除
	きふきんこうじょ
deemed cost	みなし原価
	みなしげんか
default	債務不履行
	さいむふりこう
defect	欠陥
	けっかん

채무증권 chaemujeungkkwon	债务证券 zhàiwùzhèngquàn
채무자 chaemuja	债务人 zhàiwùrén
부채 - 자산비율 buchaejasanbiyul	资产负债率 zīchǎnfùzhàilǜ
의결 uigyol	决策 juécè
의사결정 uisagyoljjong	决策 juécè
의사결정도 uisagyoljjongdo	决策树 juécèshù
의사결정과정 uisagyoljjonggwajong	决策过程 juécèguòchéng
의사결정권 uisagyoljjongkkwon	决策权 juécèquán
의사결정에 유용한 정보 uisagyoljjonge yuyonghan jongbo	决策有用的信息 juécèyǒuyòngdexìnxī
하락 harak	下降 xiàjiàng
정률법 jongnyulbop	余额递减法 yúédìjiǎnfǎ
감소 gamso	减少 jiǎnshǎo
자산의 감소 jasane gamso	资产的减少 zīchǎndejiǎnshǎo
자본의 감소 jabone gamso	资本的减少 zīběndejiǎnshǎo
부채의 감소 buchaee gamso	负债的减少 fùzhàidejiǎnshǎo
차감할 일시적 차이 chagamhal ilsijok chai	可抵扣暂时性差异 kědǐkòuzànshíxìngchāyì
차감 chagam	扣除 kòuchú
기부금 공제 gibugeum gongje	捐款扣除 juānkuǎnkòuchú
간주원가 ganjuwonkka	推定成本 tuīdìngchéngběn
채무불이행 chaemuburihaeng	违约 wéiyuē
하자 haja	缺陷 quēxiàn

D

defect warranty	瑕疵担保責任 / 欠陥保証 かしたんぽせきにん / けっかんほしょう
deferral method	繰延法 くりのべほう
deferral of expenses	費用の繰延 ひようのくりのべ
deferral of revenues	収益の繰延 しゅうえきのくりのべ
deferred assets	繰延資産 くりのべしさん
deferred expenses	繰延費用 くりのべひよう
deferred item	繰延項目 くりのべこうもく
deferred revenues	繰延収益 くりのべしゅうえき
deferred shares	後配株 こうはいかぶ
deferred tax assets	繰延税金資産 くりのべぜいきんしさん
deferred tax liabilities	繰延税金負債 くりのべぜいきんふさい
deficiency compensation	欠損填補 けっそんてんぽ
deficit	赤字 / 欠損金 あかじ / けっそんきん
deficit balance	未処理損失 みしょりそんしつ
deficit carried forward	繰越欠損金 くりこしけっそんきん
defined benefit obligations	確定給付債務 かくていきゅうふさいむ
defined benefit pension obligations	確定給付年金債務 かていきゅうふねんきんさいむ
defined benefit pension plan	確定給付型退職年金制度 かくていきゅうふがたたいしょくねんきんせいど
defined benefit pension plan obligation	確定退職給付債務 かくていたいしょくきゅうふさいむ
defined benefit pension plans	確定給付年金制度 かくていきゅうふねんきんせいど

하자보증 / 하자보상 hajabojeung/hajabosang	次品保修 / 次品保证 cìpǐnbǎoxiū/cìpǐnbǎozhèng
이연법 iyonppop	递延法 dìyánfǎ
비용의 이연 biyonge iyon	费用的递延 fèiyòngdedìyán
수익의 이연 suige iyon	收入的递延 shōurùdedìyán
이연자산 iyonjasan	递延资产 dìyánzīchǎn
이연비용 iyonbiyong	递延费用 dìyánfèiyòng
이연항목 iyonhangmok	递延项目 dìyánxiàngmù
이연수익 iyonsuik	递延收入 dìyánshōurù
후배주 hubaeju	递延股份 dìyángǔfèn
이연법인세자산 iyonbobinssejasan	递延所得税资产 dìyánsuǒdéshuìzīchǎn
이연법인세부채 iyonbobinssebuchae	递延所得税负债 dìyánsuǒdéshuìfùzhài
결손보전 gyolssonbojon	亏损弥补 kuīsǔnmíbǔ
적자 / 결손금 jokjja/gyolsongeum	赤字 / 亏损额 chìzì/kuīsǔné
부의 잔액 bue janaek	赤字余额 chìzìyúé
이월결손금 iwolgyolsongeum	亏损结转 / 赤字结转 kuīsǔnjiézhuǎn/chìzìjiēzhuǎn
확정급여채무 hwakjjonggeubyochaemu	设定受益义务 shèdìngshòuyìyìwù
확정급여연금채무 hwakjjonggeubyoyongeupchaemu	设定受益养老金义务 shèdìngshòuyìyǎnglǎojīnyìwù
확정급여형 퇴직연금제도 hwakjjonggeubyohyong twejingnyongeumjedo	固定收益养老金计划 gùdìngshōuyìyǎnglǎojīnjìhuà
확정퇴직급여부채 hwakjjongtwejikkkeubyobuchae	设定受益计划义务 / 设定受益养老金计划义务 shèdìngshòuyìjìhuàyìwù/ shèdìngshòuyìyǎnglǎojīnjìhuàyìwù
확정급여연금제도 hwakjjonggeubyoyongeumjedo	设定受益养老金计划 shèdìngshòuyìyǎnglǎojīnjìhuà

defined contribution pension plan	確定拠出型退職年金制度 かくていきょしゅつがたたいしょくねんきんせいど
defined contribution plans	確定拠出制度 かくていきょしゅつせいど
definition	定義 ていぎ
delisting	上場廃止 じょうじょうはいし
delivered at place (DAP)	仕向地持込渡し しむけちもちこみわたし
delivery	納品 のうひん
delivery basis	引渡基準 ひきわたしきじゅん
delivery expense	運送費 うんそうひ
delivery fee	配送料 はいそうりょう
delivery obligation	引渡義務 ひきわたしぎむ
delivery of commodity	商品引渡 しょうひんひきわたし
demand	需要 じゅよう
demand and supply	需給 / 需要と供給 じゅきゅう / じゅようときょうきゅう
demand deposits	要求払預金 ようきゅうばらいよきん
demand for funds	資金需要 しきんじゅよう
demerger	会社分割 かいしゃぶんかつ
depletion	減耗償却 げんもうしょうきゃく
depletion loss	減耗損失 げんもうそんしつ
deposit	証拠金 / 手付金 / 保証金 しょうこきん / てつけきん / ほしょうきん
deposit	預金 / 預託金 よきん / よたくきん
deposit	預入れ / 供託 あずけいれ / きょうたく

확정기여형 퇴직연금제도 hwakjjonggiyohyong twejingnyongeumjedo	固定缴款养老金计划 gùdìngjiǎokuǎnyǎnglǎojīnjìhuà
확정기여제도 hwakjjonggiyojedo	固定缴款养老金计划 gùdìngjiǎokuǎnyǎnglǎojīnjìhuà
정의 jongi	定义 dìngyì
상장폐지 sangjjangpyeji	退市 tuìshì
도착지인도조건 dochakjjiindojokkon	目的地交货 mùdìdìjiāohuò
납품 nappum	交付 jiāofù
인도기준 indogijun	交付基础 jiāofùjīchǔ
배송비 baesongbi	运输费用 yùnshūfèiyòng
배송료 baesongnyo	运费 yùnfèi
인도 의무 indo uimu	交货责任 jiāohuòzérèn
상품인도 sangpumnindo	商品交付 shāngpǐnjiāofù
수요 suyo	需求 xūqiú
수급 / 수요공급 sugeup/suyogonggeup	供求 / 需求与供应 gōngqiú/xūqiúyǔgōngyìng
요구불예금 yogubulryegeum	活期存款 huóqīcúnkuǎn
자금수요 jageumsuyo	资金需求 zījīnxūqiú
기업분리 giopppulri	公司分立 gōngsīfēnlì
감모상각 gammosanggak	折耗 shéhào
감모손실 gammosonsil	折耗损失 shéhàosǔnshī
증거금 jeunggogeum	保证金 bǎozhèngjīn
예금 / 예탁금 yegeum/yetakkkeum	存款 cúnkuǎn
입금 ipkkeum	存款 cúnkuǎn

deposit account	預金口座
	よきんこうざ
deposit for stock subscriptions	新株式申込証拠金 / 株式申込証拠金
	しんかぶしきもうしこみしょうこきん / かぶしきもうしこみしょうこきん
deposit in transit	未達預金
	みたつよきん
deposit payable	預り金
	あずかりきん
deposit products	預金商品
	よきんしょうひん
deposit slip	預金伝票
	よきんでんぴょう
depreciable amount	償却可能額
	しょうきゃくかのうがく
depreciable assets	減価償却対象資産
	げんかしょうきゃくたいしょうしさん
depreciated replacement cost approach	償却後取替原価法
	しょうきゃくごとりかえげんかほう
depreciation	減価償却
	げんかしょうきゃく
depreciation and amortization	減価償却費及び償却費
	げんかしょうきゃくひおよびしょうきゃくひ
depreciation expenses	減価償却費
	げんかしょうきゃくひ
depreciation methods	減価償却方法
	げんかしょうきゃくほうほう
depreciation rate	減価償却率
	げんかしょうきゃくりつ
depreciation schedule	減価償却スケジュール
	げんかしょうきゃくすけじゅーる
derecognition	認識の中止
	にんしきのちゅうし
derivative assets	デリバティブ資産
	でりばてぃぶしさん
derivative clearing agreements	デリバティブ手仕舞約定
	でりばてぃぶてじまいやくじょう
derivative financial instruments	金融派生商品
	きんゆうはせいしょうひん
derivative liabilities	デリバティブ負債
	でりばてぃぶふさい
derivatives	デリバティブ
	でりばてぃぶ

저축성 예금 jochukssong yegeum	存款账户 cúnkuǎnzhànghù
신주청약증거금 sinjuchongyakjjeunggogeum	股票认购保证金 gǔpiàorèngòubǎozhèngjīn
은행미기입예금 eunhaengmigiimnyegeum	在途存款 zàitúcúnkuǎn
예수금 yesugeum	应付款／应付保证金 yìngfùkuǎn/yìngfùbǎozhèngjīn
예금상품 yegeumsangpum	存款产品 cúnkuǎnchǎnpǐn
입금전표 ipkkeumjonpyo	存款单 cúnkuǎndān
감가상각대상금액 gamkkasanggakttaesanggeumaek	可折旧金额 kězhéjiùjīné
감가상각대상자산 gamkkasanggakttaesangjasan	应折旧资产 yīngzhéjiùzīchǎn
상각후대체원가법 sanggakudaechewonkkappop	折旧重置成本法 zhéjiùchóngzhìchéngběnfǎ
감가상각 gamkkasanggak	折旧 zhéjiù
감가상각비 및 상각비 gamgasanggakppi mit sanggakppi	折旧及摊销 zhéjiùjítānxiāo
감가상각비 gamgasanggakppi	折旧费用 zhéjiùfèiyòng
감가상각방법 gamkkasanggakppangbop	折旧方法 zhéjiùfāngfǎ
감가상각률 gamkkasanggangnyul	折旧率 zhéjiùlǜ
감가상각일정표 gamkkasanggangniljjongpyo	折旧明细表 zhéjiùmíngxìbiǎo
재무제표에서의 제거 jaemujepyoesoe jego	终止确认 zhōngzhǐquèrèn
파생상품자산 pasaengsangpumjasan	衍生资产 yǎnshēngzīchǎn
파생상품청산약정 pasaengsangpumchongsannyakjjong	衍生品清算协议 yǎnshēngpǐnqīngsuànxiéyì
파생금융상품 pasaenggeumyungsangpum	衍生金融工具 yǎnshēngjīnrónggōngjù
파생상품부채 pasaengsangpumbuchae	衍生负债 yǎnshēngfùzhài
파생상품 pasaengsangpum	金融衍生物 jīnróngyǎnshēngwù

derivatives held for trading	売買目的保有デリバティブ ばいばいもくてきほゆうでりばてぃぶ
design right	意匠権 いしょうけん
designated and effective hedging instrument	指定有効ヘッジ商品 していゆうこうへっじしょうひん
development expense	開発費 かいはつひ
difference	差異 さい
diluted earnings per share	潜在株式調整後1株当たり純利益 せんざいかぶしきちょうせいごひとかぶあたりじゅんりえき
dilution effect	希薄化効果 きはくかこうか
dilutive potential common stocks	希薄化潜在普通株式 きはくかせんざいふつうかぶしき
diminishing balance method	定率法（総称）※200%定率法を含む ていりつほう
direct cost	直接コスト ちょくせつこすと
direct depreciation	直接償却 ちょくせつしょうきゃく
direct finance	直接金融 ちょくせつきんゆう
direct insurance contract	元受保険契約 もとうけほけんけいやく
direct issuance	直接発行 ちょくせつはっこう
direct labor cost	直接労務費 ちょくせつろうむひ
direct matching	直接的対応 ちょくてつてきたいおう
direct material cost	直接材料費 ちょくせつざいりょうひ
direct method	直接法 ちょくせつほう
direct operating expenses	直接経費 ちょくせつけいひ
direct taxes	直接税 ちょくせつぜい
direct write-off method	直接控除法 ちょくせつこうじょほう

단기매매목적 파생상품 dangimaemaemokjjok pasaengsangpum	交易性金融衍生工具 jiāoyìxìngjīnróngyǎnshēnggōngjù
의장권 uijangkkwon	设计权 shèjìquán
지정되고 위험회피에 효과적인 jijongdwego wihomhwepie hyokkwajogin	指定有效的套期工具 zhǐdìngyǒuxiàodetàoqīgōngjù
개발비 gaebalbi	开发费用 kāifāfèiyòng
차이 chai	差异 chāyì
희석주당이익 hisokjjudangniik	稀释每股收益 xīshìměigǔshōuyì
희석효과 hisokyokkwa	稀释效应 xīshìxiàoyìng
희석성 잠재적 보통주 hisokssong jamjaejok botongju	稀释性潜在普通股 xīshìxìngqiánzàipǔtōnggǔ
체감잔액법 chegamjanaekppop	余额递减法 yúédìjiǎnfǎ
직접원가 jikjjobwonkka	直接成本 zhíjiēchéngběn
직접상각 jikjjopssanggak	直接折旧 zhíjiēzhéjiù
직접금융 jikjjopkkeumyung	直接融资 zhíjiēróngzī
원수보험계약 wonsubohomgyeyak	原保险合同 yuánbǎoxiǎnhétong
직접발행 jikjjopppalhaeng	直接发行 zhíjiēfāxíng
직접노무비 jikjjomnomubi	直接人工成本 zhíjiēréngōngchéngběn
직접적대응 jikjjopjjokttaeeung	直接配比 zhíjiēpèibǐ
직접재료원가 jikjjopjjaeryowonkka	直接材料成本 zhíjiēcáiliàochéngběn
직접법 jikjjopppop	直接法 zhíjiēfǎ
직접 관련된 운영비용 jikjjop gwalryondwen unyongbiyong	直接营业费用 zhíjiēyíngyèfèiyòng
직접세 jikjjopsse	直接税 zhíjiēshuì
직접 감액법 jikjjop gamaekppop	直接核销法 zhíjiēhéxiāofǎ

D

director	取締役
	とりしまりやく
disaggregation of revenue	収益の分解
	しゅうえきのぶんかい
disaster loss reserve	災害損失積立金
	さいがいそんしつつみたてきん
discharging liabilities	負債の返済 / 債務の弁済
	ふさいのへんさい / さいむのべんさい
disclaimer of opinion	意見不表明
	いけんふひょうめい
disclosure	開示
	かいじ
discontinued operation	廃止事業 / 非継続事業
	はいしじぎょう / ひけいぞくじぎょう
discount amount	割引額
	わりびきがく
discount bonds	割引債
	わりびきさい
discount issue	割引発行
	わりびきはっこう
discount on bonds payable	社債割引発行差金 / 社債発行差金
	しゃさいわりびきはっこうさきん / しゃさいはっこうさきん
discount on stock	株式割引発行差金
	かぶしきわりびきはっこうさきん
discount rate	割引率
	わりびきりつ
discounted cash flow (DCF)	割引キャッシュ・フロー
	わりびききゃっしゅふろー
discussion papers	討議資料
	とうぎしりょう
dishonored check	不渡小切手
	ふわたりこぎって
dishonored note	不渡手形
	ふわたりてがた
dishornor	不渡
	ふわたり
disposal incidental cost	処分付随費用
	しょぶんふずいひよう
disposal method	廃棄法
	はいきほう
disposal of assets	資産処分 / 資産売却
	しさんしょぶん / しさんばいきゃく

이사 isa	董事 dǒngshì
수익의 구분 suige gubun	收入的分解 shōurùdefēnjiě
재해손실적립금 aehaesonsiljjongnipkkeum	灾难损失储备 zāinànsǔnshīchǔbèi
부채의 상환 buchaee sanghwan	解除债务 jiěchúzhàiwù
의견거절 uigyongojol	无法表示意见 wúfǎbiǎoshìyìjiàn
공시 gongsi	披露 pīlù
중단영업 / 중단사업 jungdannyongop/jungdansaop	终止经营 zhōngzhǐjīngyíng
할인액 harinaek	折扣金额 zhékòujīné
할인사채 harinsachae	折价债券 / 贴现债券 zhéjiàzhàiquàn/tiēxiànzhàiquàn
할인발행 harinbalhaeng	折价发行 zhéjiàfāxíng
사채할인발행차금 sachaeharinbalhaengchageum	应付债券折价 yìngfùzhàiquànzhéjià
주식할인발행차금 jusikarinbalhaengchageum	股票折价 gǔpiàozhéjià
할인율 harinnyul	贴现率 tiēxiànlǜ
할인현금흐름 harinhyongeumheureum	贴现现金流 tiēxiànxiànjīnliú
토의자료 toijaryo	讨论稿 tǎolùngǎo
부도수표 budosupyo	拒付支票 jùfùzhīpiào
부도어음 budooeum	拒付票据 jùfùpiàojù
부도 budo	拒付 jùfù
처분부대원가 chobunbudaewonkka	处置附加成本 chǔzhìfùjiāchéngběn
폐기법 pyegippop	处置方法 chǔzhìfāngfǎ
자산처분 / 자산매각 jasanchobun/jasanmaegak	资产处置 zīchǎnchǔzhì

disposal plan	処分計画 しょぶんけいかく
disposal price	処分価額 しょぶんかがく
dissenting opinion	反対意見 はんたいいけん
distribution to owners	所有者に対する分配 しょゆうしゃにたいするぶんぱい
diversified manufacturing company	多角化製造会社 たかくかせいぞうがいしゃ
dividend	配当 はいとう
dividend during construction	建設利息 けんせつりそく
dividend equalization reserve	配当平均積立金 はいとうへいきんつみたてきん
dividend income	受取配当金 / 配当所得 うけとりはいとうきん / はいとうしょとく
dividend on performance	実績配当 じっせきはいとう
dividend payout ratio	配当性向 はいとうせいこう
dividend rate	配当率 はいとうりつ
dividend reinvestment	配当再投資 はいとうさいとうし
dividend rights	利益配当請求権 りえきはいとうせいきゅうけん
dividend yield	配当利回り はいとうりまわり
dividends payable	未払配当金 みはらいはいとう
division	区分 くぶん
division of labor	分業 ぶんぎょう
domestic demand	内需 ないじゅ
dormant subsidiary	休眠子会社 きゅうみんこがいしゃ
double taxation	二重課税 にじゅうかぜい

처분계획 chobungyehwek	处置计划 chǔzhìjìhuà
처분가액 chobungaaek	处置价格 chǔzhìjiàgé
반대 의견 bandae uigyon	异议 yìyì
소유주에 대한 분배 soyujue daehan bunbae	对所有者的分配 duìsuǒyǒuzhēdefēnpèi
다각화제조회사 dagakwajejohwesa	多元化制造企业 duōyuánhuàzhìzàoqǐyè
배당 baedang	股息 gǔxī
배당건설이자 baedanggonsolrija	建业股息 jiànyègǔxī
배당평균적립금 baedangpyonggyunjongnipkkeum	平均股利准备金 píngjūngǔlìzhǔnbèijīn
배당금수익 / 배당소득 baedanggeumsuik/baedangsodeuk	股利收入 / 股息所得 gǔlìshōurù/gǔxīsuǒdé
실적배당 siljjokppaedang	业绩股息 yèjīgǔxī
배당성향 baedangssonghyang	股息分配率 / 派息率 gǔxífēnpèilǜ/pàixílǜ
배당률 baedangnyul	股息率 gǔxīlǜ
배당금 재투자 baedanggeum jaetuja	股息再投资 gǔxīzàitóuzī
이익배당청구권 iikppaedangchonggukkwon	股利分配请求权 / 分红权 gǔlìfēnpèiqǐngqiúquán/fēnhóngquán
배당수익률 baedangsuingnyul	股息生息率 / 股息收益率 gǔxíshēngxīlǜ/gǔxíshōuyilǜ
미지급배당금 mijigeupppaedanggeum	应付股利 yìngfugǔlì
구분 gubun	区分 / 分部 qūfēn/fēnbù
분업 bunop	分工 fēngōng
내수 naesu	国内需求 guónèixūqiú
유휴자회사 yuhyujahwesa	休眠子公司 xiūmiánzǐgōngsī
이중과세 ijunggwase	双重征税 shuāngchóngzhēngshuì

double-entry accounting system	複式記入会計システム ふくしききにゅうかいけいしすてむ
double-entry bookkeeping	複式簿記 ふくしきぼき
double-sidedness of transactions	取引の二面性 とりひきのにめんせい
doubtful debts	貸倒懸念債権 かしだおれけんねんさいけん
downstream transactions	ダウンストリーム取引 だうんすとりーむとりひき
drawdown rate	損失幅 そんしつはば
dual listed corporation	二元上場会社 にげんじょうじょうがいしゃ
duality of transactions	取引の二重性 とりひきのにじゅうせい
due date	支払期日 しはらいきじつ

– E –

early redemption	早期償還 そうきしょうかん
earmarked tax	目的税 もくてきぜい
earned income	給与所得 きゅうよしょとく
earned surplus reserve	利益準備金 りえきじゅんびきん
earnings	稼得利益 かとくりえき
earnings before interest and tax (EBIT)	利息税金考慮前利益 りそくぜいきんこうりょまえりえき
earnings before interest, tax, depreciation and amortisation (EBITDA)	利息・税金・減価償却・償却考慮前利益 りそくぜいきんげんかしょうきゃくしょうきゃくこうりょまえりえき
earnings management	利益調整 りえきちょうせい
earnings per share	一株当たり利益 ひとかぶあたりりえき
earnings surprise	アーニング・サプライズ あーにんぐさぷらいず

복식부기회계시스템 bokssikppugihwegyessisseutem	复式记账体系 fùshìjìzhàngtǐxì
복식부기 bokssikppugi	复式记账 fùshìjìzhàng
거래의 양면성 goraee yangmyonssong	交易的两面性 jiāoyìdeliǎngmiànxing
대손 우려 채권 daeson uryo chaekkwon	呆账 dāizhàng
하향거래 hahyanggorae	逆流交易 nìliújiāoyì
손실폭 sonsilpok	下降率 xiàjiànglǜ
이중 상장기업 ijung sangjjanggiop	双重上市公司 shuāngchóngshàngshìgōngsī
거래의 이중성 goraee ijungsong	交易的二重性 jiāoyìdeèrchóngxing
지급기일 jigeupkkiil	到期日 dàoqírì

조기상환 jogisanghwan	提前赎回 tíqiánshúhuí
목적세 mokjjoksse	指定用途税 zhǐdìngyòngtúshuì
근로소득 geulrosodeuk	劳务所得 / 劳务报酬所得 láowùsuǒdé/láowùbàochóusuǒdé
이익준비금 iikjjunbigeum	盈余公积金 yíngyúgōngjījīn
이익 iik	收益 shōuyì
이자 및 세금 차감전 이익 ija mit segeum chagamjon iik	息税前利润 xīshuìqiánlìrùn
이자 , 세금 , 감가 상각 및 상각 차감전 이익 ija segeum gamkka sanggak mit sanggak chagamjon iik	税息折旧及摊销前利润 shuìxīzhéjiùjítānxiāoqiánlìrùn
이익관리 iikkkwalri	盈余管理 yíngyúguǎnlǐ
주당이익 judangniik	每股收益 měigǔshōuyì
어닝 서프라이즈 / 깜짝 이익 oning sopeuraijeu/kkamjjak iik	盈利意外 yínglìyìwài

economic benefits	経済的便益 けいざいてきべんえき
economic compulsion	経済的強制 けいざいてききょうせい
economic decision making	経済的意思決定 けいざいてきいしけってい
economic entity	経済的実体 けいざいてきじったい
economic event	経済的事象 けいざいてきじしょう
economic growth	経済成長 けいざいせいちょう
economic impact of accounting information	会計情報の経済的効果 かいけいじょうほうのけいざいてきこうか
economic income	経済的利益 けいざいてきりえき
economic indicators	経済指標 けいざいしひょう
economic life of the leased assets	経済的耐用年数 けいざいてきたいようねんすう
economic resources	経済的資源 けいざいてきしげん
economic situation	経済状況 けいざいじょうきょう
economic substance	経済的実質 けいざいてきじっしつ
educational environment	教育環境 きょういくかんきょう
effect of change of accounting policy	会計方針の変更の影響 かいけいほうしんのへんこうのえいきょう
effective allocation of resources	効率的資源配分 こうりつてきしげんはいぶん
effective control	実効的支配 じっこうてきしはい
effective interest method	実効金利法 じっこうきんりほう
effective interest rate	実効利子率 / 実効金利 じっこうりしりつ / じっこうきんり
effective interest rate at impairment point	減損時点実効金利 げんそんじてんじっこうきんり
effective interest rate at the time of measurement	測定時点実効利子率 そくていじてんじっこうりしりつ

| 경제적효익 | 经济利益 |
| gyongjejokyoik | jīngjìlìyì |

| 경제적 강제 | 经济强制 |
| gyongjejok gangje | jīngjìqiángzhì |

| 경제적 의사결정 | 经济决策 |
| gyongjejok uisagyoljjong | jīngjìjuécè |

| 경제적 실체 | 经济实体 |
| gyongjejok silche | jīngjìshítǐ |

| 경제적 사건 | 经济事件 |
| gyongjejok sakkon | jīngjìshìjiàn |

| 경제성장 | 经济增长 |
| gyongjesongjang | jīngjìzēngzhǎng |

| 회계정보의 경제적 효과 | 会计信息的经济影响 |
| hwegyejongboe gyongjejok hyokkwa | kuàijìxìnxīdejīngjìyǐngxiǎng |

| 경제적 이익 | 经济收益 |
| gyongjejok iik | jīngjìshōuyì |

| 경제지표 | 经济指标 |
| gyongjejipyo | jīngjìzhǐbiāo |

| 경제적 내용연수 | 租赁资产经济寿命 |
| gyongjejok naeyongnyonsu | zūlìnzīchǎnjīngjìshòumìng |

| 경제적 자원 | 经济资源 |
| gyongjejok jawon | jīngjìzīyuán |

| 경제상황 | 经济状况 |
| gyongjesanghwang | jīngjìzhuàngkuàng |

| 경제적 실질 | 经济实质 |
| gyongjejok siljjil | jīngjìshízhì |

| 교육환경 | 教育环境 |
| gyoyukwangyong | jiàoyùhuánjìng |

| 회계정책의 변경효과 | 会计政策变更的影响 |
| hwegyejongchaege byongyonghyokkwa | kuàijìzhèngcèbiàngēngdeyǐngxiǎng |

| 효과적 자원배분 | 资源有效配置 |
| hyokkwajok jawonbaebun | zīyuányǒuxiàopèizhì |

| 실질적 지배 | 有效控制 |
| siljjiljjok jibae | yǒuxiàokòngzhì |

| 유효이자율법 | 实际利率法 |
| yuhyoijayulppop | shíjìlìlǜfǎ |

| 유효이자율 | 实际利率 |
| yuhyoijayul | shíjìlìlǜ |

| 손상시점 유효이자율 | 减值时点实际利率 |
| sonsangsijjom yuhyoijayul | jiǎnzhíshídiǎnshíjìlìlǜ |

| 측정시점 유효이자율 | 计量时的有效利率 |
| cheukjjongsijjom yuhyoijayul | jìliàngshídeyǒuxiàolìlǜ |

effective interest rate method	実効利子率法 じっこうりしりつほう
effective tax rate	実効税率 じっこうぜいりつ
efficiency	効率性 こうりつせい
elapsed maturity bonds	満期経過債券 まんきけいかさいけん
elapsed time	経過期間 けいかきかん
elapsed useful life	経過耐用年数 けいかたいようねんすう
element	構成要素 こうせいようそ
embedded derivatives	組込デリバティブ くみこみでりばてぃぶ
embezzlement	横領 おうりょう
emerging markets	新興市場 しんこうしじょう
emissions trading schemes	排出量取引制度 はいしゅつりょうとりひきせいど
employee	従業員 じゅうぎょういん
employee benefit cost	従業員給付費用 じゅうぎょういんきゅうふひよう
employee benefits	従業員給付 じゅうぎょういんきゅうふ
employee salary	従業員給与 じゅうぎょういんきゅうよ
employee share-ownership plan	従業員持株制度 じゅうぎょういんもちかぶせいど
employee stock option plan	従業員ストックオプション制度 じゅうぎょういんすとっくおぷしょんせいど
employee turnover rates	離職率 りしょくりつ
enactment	立法化 りっぽうか
encashment	現金化 げんきんか
end of accounting period	決算期末 / 会計期末 けっさんきまつ / かいけいきまつ

유효이자율법 yuhyoijayulppop	实际利率法 shíjìlìlǜfǎ
유효세율 yuhyoseyul	实际税率 shíjìshuìlǜ
효율성 hyoyulssong	效率 xiàolǜ
만기경과채권 mangigyonggwachaekkwon	到期债券 dàoqīzhàiquàn
경과기간 gyonggwagigan	经过时间 jīngguòshíjiān
경과내용연수 gyonggwanaeyongnyonsu	已使用年限 yǐshǐyòngniánxiàn
구성요소 gusongnyoso	要素 yàosù
내재파생상품 naejaepasaengsangpum	嵌入式衍生工具 qiànrùshìyǎnshēnggōngjù
횡령 hwengnyong	侵占／挪用 qīnzhàn/nuóyòng
신흥시장 sinheungsijang	新兴市场 xīnxīngshìchǎng
배출권거래제도 baechulgwongoraejedo	排放交易计划 páifàngjiāoyìjìhuà
종업원 jongobwon	员工 yuángōng
종업원급여비용 jongobwongeubyobiyong	雇员福利成本 gùyuánfúlìchéngběn
종업원급여 jongobwongeubyo	职工福利 zhígōngfúlì
종업원급여 jongobwongeubyo	职工薪酬 zhígōngxīnchóu
종업원지주제도 jongobwonjijujedo	职工持股计划 zhígōngchígǔjìhuà
종업원 스톡옵션 제도 jongobwon seutogopssyon jedo	职工股票期权计划 zhígōnggǔpiàoqīquánjìhuà
종업원 이직률 jongobwon ijingnyul	员工离职率 yuángōnglízhílǜ
제정／법규제정 jejong/bopkkyujejong	法律制定 fǎlǜzhìdìng
현금화 hyongeumhwa	兑现 duìxiàn
결산기말／회계기말 gyolssangimal/hwegyegimal	会计期末 kuàijìqīmò

end of period	期末 きまつ
ending stocked merchandise	期末在庫商品 きまつざいこしょうひん
ending inventories	期末棚卸資産 きまつたなおろししさん
ending stock	期末在庫 きまつざいこ
enhancements	改良 かいりょう
enterprise value	企業価値 きぎょうかち
enterprise	企業 きぎょう
entertainment expenses	交際費 / 接待費 こうさいひ / せったいひ
entity	企業 / 実体 きぎょう / じったい
entity's ability to continue as a going concern	継続企業能力 けいぞくきぎょうのうりょく
entity-specific value	企業固有価値 きぎょうこゆうかち
entry price	入口価格 いりぐちかかく
Environmental, Social and Governance (ESG) investing	環境・社会・ガバナンス(ESG)投資 / 社会的責任投資 かんきょうしゃかいがばなんすとうし / しゃかいてきせきにんとうし
environmental obligations	環境債務 かんきょうさいむ
environmental report	環境報告書 かんきょうほうこくしょ
equalisation provisions	平衡準備金 へいこうじゅんびきん
equipment	設備 せつび
equity	資本持分 / 持分 しほんもちぶん / もちぶん
equity capital	自己資本 じこしほん
equity finance	資本調達 しほんちょうたつ

기간말 giganmal	期末 qīmò
기말재고상품 gimaljaegosangpum	期末库存商品 qīmòkùcúnshāngpǐn
기말 재고자산 gimal jaegojasan	期末库存 qīmòkùcún
기말재고 gimaljaego	期末库存 qīmòkùcún
개량 gaeryang	改良 gǎiliáng
기업가치 giopkkachi	企业价值 qǐyèjiàzhí
기업 giop	企业 qǐyè
접대비 jopttaebi	业务招待费 / 招待费 yèwùzhāodàifèi/zhāodàifèi
기업 giop	企业 qǐyè
계속기업 존속능력 gyesokkkiop jonsongneungnyok	企业的持续经营能力 qǐyèdechíxùjīngyíngnénglì
기업특유가치 giopteugyugachi	主体特定价值 zhǔtǐtèdìngjiàzhí
유입가격 yuipkkagyok	进场价 jìnchǎngjià
환경 , 사회 및 거버넌스 투자 hwangyong sahwe mit gobononseu tuja	环境、社会和公司治理投资 / 社会责任投资 huánjìng, shèhuì hé gōngsī zhìlǐ tóuzī/ shèhuì zérèn tóuzī
환경보호의무 hwangyongbohouimu	环境义务 huánjìngyìwù
환경 보고서 hwangyong bogoso	环境报告 huánjìng bàogào
평준화준비금 pyongjunhwajunbigeum	平衡准备金 pínghéngzhǔnbèijīn
설비 solbi	设备 shèbèi
자본지분 / 지분 jabonjibun/jibun	权益 quányì
자기자본 jagijabon	权益资本 quányìzīběn
주식발행을 통한 자금조달 jusikppalhaengeul tonghan jageumjodal	权益融资 quányìróngzī

| equity index | 株価指数 |
| | かぶかしすう |

| equity instruments | 持分金融商品 |
| | もちぶんきんゆうしょうひん |

| equity method | 持分法 |
| | もちぶんほう |

| equity securities | 資本性金融商品 / 持分証券 |
| | しほんせいきんゆうしょうひん / もちぶんしょうけん |

| equity-settled share-based payment transactions | 持分決済型株式報酬取引 |
| | もちぶんけっさいがたかぶしきほうしゅうとりひき |

| error correction | 誤謬の訂正 |
| | ごびゅうのていせい |

| errors | 誤謬 |
| | ごびゅう |

| estimated costs | 見積原価 |
| | みつもりげんか |

| estimated future cash flows | 見積将来キャッシュ・フロー |
| | みつもりしょうらいきゃっしゅふろー |

| estimated unguaranteed residual value | 見積無保証残存価値 |
| | みつもりむほしょうざんぞんかち |

| estimates of doubtful accounts | 貸倒見積 |
| | かしだおれみつもり |

| estimation | 見積り |
| | みつもり |

| evaluation of collectibility | 回収可能性の評価 |
| | かいしゅうかのうせいのひょうか |

| event | 事象 |
| | じしょう |

| events after the reporting period | 後発事象 |
| | こうはつじしょう |

| Ex-Works (EXW) | 発送地引渡条件 / 工場渡し条件 |
| | はっそうちひきわたしじょうけん / こうじょうわたしじょうけん |

| excessive stock | 過剰在庫 |
| | かじょうざいこ |

| exchange | 取引所 / 為替 |
| | とりひきじょ / かわせ |

| exchange gains | 為替差益 |
| | かわせさえき |

| exchange rate | 為替相場 |
| | かわせそうば |

| exchange rate fluctuation | 為替変動 |
| | かわせへんどう |

주가지수 jukkajisu	股票价格指数 gǔpiàojiàgézhīshù
자기지분상품 jagijibunsangpum	权益工具 quányìgōngjù
지분법 jibunppop	权益法 quányìfǎ
지분증권 jibunjeungkkwon	权益性证券 quányìxingzhèngquàn
주식결제형 주식기준보상거래 jusikkkyoljjehyong jusikkkijunbosanggorae	以权益结算的股份支付交易 yǐquányìjiésuàndegǔfènzhīfùjiāoyi
오류수정 oryusujong	差错更正 chācuògēngzhèng
오류 oryu	差错 chācuò
예상원가 yesangwonkka	估计成本 gūjìchéngběn
추정된 미래현금흐름 chujongdwen miraehyongeumheureum	预计未来现金流量 yùjìwèiláixiànjīnliúliàng
추정무보증잔존가치 chujongmubojeungjanjongachi	估计未担保余值 / 估计未担保残值 gūjìwèidānbǎoyúzhí/gūjìwèidānbǎocánzhí
대손추정 daesonchujong	坏账估计 huàizhànggūjì
추정 chujong	估计 gūjì
회수가능성 평가 hwesuganeungssong pyongkka	可收回性评价 kěshōuhuíxingpíngjià
사건 sakkon	事件 shìjiàn
보고기간후사건 bogogiganhusakkon	资产负债表日后事项 / 报告期后事件 zīchǎnfùzhàibiǎorìhòushìxiàng/bàogàoqīhòushìjiàn
선적지인도조건 sonjokjjiindojokkon	工厂交货 gōngchǎngjiāohuò
과도한 재고 gwadohan jaego	库存过剩 kùcúnguòshèng
거래소 / 환 goraeso/hwan	交易所 / 汇兑 jiāoyìsuǒ/huìduì
시세차익 sisechaik	汇兑收益 huìduìshōuyi
환율 hwanyul	汇率 huìlǜ
환율변동 hwanyulbyondong	汇率波动 huìlǜbōdòng

exclusive right	独占的権利 / 排他的権利 どくせんてきけんり / はいたてきけんり
executive	経営陣 けいえいじん
executory contract	未履行契約 みりこうけいやく
exemption	減免 / 免除 げんめん / めんじょ
exemption from preparing consolidated financial statements	連結財務諸表の作成の免除 れんけつざいむしょひょうのさくせいのめんじょ
exemption rate	減免率 げんめんりつ
exercise price	行使価格 こうしかかく
existing shareholders	既存株主 きそんかぶぬし
exit price	出口価格 でぐちかかく
exit strategy	出口戦略 でぐちせんりゃく
expected amount of collection	回収見込額 かいしゅうみこみがく
expected amount of future cash inflow	将来キャッシュ・インフロー見積額 しょうらいきゃっしゅいんふろーみつもりがく
expected cash flows	期待キャッシュ・フロー きたいきゃっしゅふろー
expected credit loss (ECL) model	予想信用損失（ECL）モデル よそうしんようそんしつもでる
expected disposal expenses	予想売却費用 よそうばいきゃくひよう
expected disposal value	予想売却価額 よそうばいきゃくかがく
expected loss rate	予想損失率 よそうそんしつりつ
expected price volatility	予想価格ボラティリティ よそうかかくぼらてぃりてぃ
expected value	期待値 きたいち
expenditure	支出 ししゅつ
expense for allowable debt	引当金繰入額 ひきあてきんくりいれがく

독점적권리 / 배타적권리 dokjjomjokkkwolri/baetajokkkwolri	专有权 zhuānyǒuquán
경영진 gyongyongjin	高级管理人员 gāojíguǎnlǐrényuán
미이행계약 miihaenggyeyak	未履行合同 wèilǚxínghétong
감면 / 면제 gammyon/myonje	豁免 / 免除 huòmiǎn/miǎnchú
연결재무제표 작성의 면제 yongyoljaemujepyo jakssonge myonje	免除编制合并财务报表 miǎnchúbiānzhìhébìngcáiwùbàobiǎo
감면율 gammyonnyul	减免率 jiǎnmiǎnlǜ
행사가격 haengsagagyok	执行价格 zhíxíngjiàgé
기존주주 gijonjuju	现有股东 xiànyǒugǔdōng
유출가격 yuchulgagyok	退出价格 tuìchūjiàgé
출구전략 chulgujolryak	退出策略 tuìchūcèlüè
회수예상액 hwesuyesangaek	预期收回金额 yùqīshōuhuíjīné
미래 현금유입예상액 mirae hyongeumnyuimnyesangaek	预计未来现金流入金额 yùjìwèiláixiànjīnliúrùjīn'é
기대현금흐름 gidaehyongeumheureum	预期现金流 yùqīxiànjīnliú
기대신용손실모형 gidaesinyongsonsilmohyong	预期信用损失模型 yùqīxìnyòngsǔnshīmóxíng
예상처분비용 yesangchobunbiyong	预计处置费用 yùjìchǔzhìfèiyòng
예상처분가액 yesangchobungaaek	预计处置价格 yùjìchǔzhìjiàgé
예상손실률 yesangsonsilryul	预期损失率 yùqīsǔnshīlǜ
예상가격 변동성 yesanggagyok byondongssong	预期价格波动性 yùqījiàgébōdòngxìng
기대치 gidaechi	预期价值 yùqījiàzhí
지출 jichul	支出 zhīchū
충당금전입액 chungdanggeumjonibaek	可列支负债费用 kělièzhīfùzhàifèiyòng

expense recognition	費用認識 ひようにんしき
expense recognition standard	費用認識基準 ひようにんしききじゅん
expenses	費用 ひよう
exploration and evaluation activities	探査評価活動 たんさひょうかかつどう
exploration and evaluation assets	探査評価資産 たんさひょうかしさん
exploration	探査 たんさ
export	輸出 ゆしゅつ
export market development grants	輸出市場開拓補助金 ゆしゅつしじょうかいたくほじょきん
exposure	エクスポージャー えくすぽーじゃー
exposure drafts	公開草案 こうかいそうあん
extension and termination options	延長及び解約オプション えんちょうおよびかいやくおぷしょん
external auditing	外部監査 がいぶかんさ
external auditor	外部監査人 がいぶかんさにん
external customers	外部顧客 がいぶこきゃく
external purchase	外部仕入 がいぶしいれ
external user	外部利用者 がいぶりようしゃ
extinguishment of rights	権利消滅 けんりしょうめつ
extractive industry	採取産業 さいしゅさんぎょう
extraordinary items	特別損益項目 とくべつそんえきこうもく
extraordinary loss	特別損失 とくべつそんしつ
extraordinary profit	特別利益 とくべつりえき

비용인식 biyongninsik	费用确认 fèiyòngquèrèn
비용인식기준 biyongninsikkkijun	费用确认标准 fèiyòngquèrènbiāozhǔn
비용 biyong	费用 fèiyòng
탐사평가활동 tamsapyongkkahwalttong	勘探和评估活动 kāntànhépínggūhuódòng
탐사평가자산 tamsapyongkkajasan	勘探和评估资产 kāntànhépínggūzīchǎn
탐사 tamsa	勘探 kāntàn
수출 suchul	出口 chūkǒu
해외시장개발자금 haewesijanggaebaljageum	出口市场开发补助金 chūkǒushichǎngkāifābǔzhùjīn
노출 nochul	敞口／暴露 chǎngkǒu/bàolù
공개초안 gonggaechoan	征求意见稿 zhēngqiúyìjiàngǎo
연장 및 해약선택권 yonjang mit haeyakssontaekkkwon	延长和终止选项 yánchánghézhōngzhǐxuǎnxiàng
외부감사 webugamsa	外部审计 wàibùshěnjì
외부감사인 webugamsain	外部审计师 wàibùshěnjishī
외부고객 webugogaek	外部顾客 wàibùgùkè
외부매입 webumaeip	外部采购 wàibùcǎigòu
외부이용자 webuiyongja	外部使用者 wàibùshǐyòngzhě
권리소멸 gwolrisomyol	权利失效 quánlìshīxiào
채취산업 chaechwisanop	采掘业 cǎijuéyè
특별손익 항목 teukppyolsonik hangmok	非常项目 fēichángxiàngmù
특별 손실 teukppyol sonsil	非经常性损失 fēijīngchángxìngsǔnshī
특별 이익 teukppyol iik	非经常性收益 fēijīngchángxìngshōuyì

– F –

face interest rate	表示金利 / 表面利率 ひょうじきんり / ひょうめんりりつ
face value	券面額 / 額面金額 けんめんがく / がくめんきんがく
facility equipment	設備機器 せつびきき
fact	事実 じじつ
factoring	ファクタリング ふぁくたりんぐ
factoring arrangement	ファクタリング契約 ふぁくたりんぐけいやく
factory	工場 こうじょう
fair presentation	適正な表示 てきせいなひょうじ
fair trade	フェアトレード ふぇあとれーど
fair value	公正価値 こうせいかち
fair value hedges	公正価値ヘッジ こうせいかちへっじ
fair value hierarchy	公正価値の階層 こうせいかちのかいそう
fair value less cost of disposal	処分コスト控除後の公正価値 しょぶんこすとこうじょごのこうせいかち
fair value measurements	公正価値測定 こうせいかちそくてい
fair value model	公正価値モデル こうせいかちもでる
fair value model of surplus transfer	剰余金振替公正価値モデル じょうよきんふりかえこうせいかちもでる
fair value option	公正価値オプション こうせいかちおぷしょん
faithful representation	忠実な表現 ちゅうじつなひょうげん
family trust	ファミリートラスト / 家族信託 ふぁみりーとらすと / かぞくしんたく

F

표시이자율 pyosiijayul	票面利率 piàomiànlìlǜ
액면가 aengmyonkka	面值 miànzhí
시설장치 sisoljangchi	设备机器 shèbèijīqì
사실 sasil	事实 shìshí
팩토링 paektoring	保理 bǎolǐ
팩토링 계약 paektoring gyeyak	保理协议 bǎolǐxiéyì
공장 gongjang	工厂 gōngchǎng
공정한 표시 gongjonghan pyosi	公允列报 gōngyǔnlièbào
공정무역 gongjongmuyok	公平贸易 gōngpíngmàoyì
공정가치 gongjonggachi	公允价值 gōngyǔnjiàzhí
공정가치위험회피 gongjonggachiwihomhwepi	公允价值套期 gōngyǔnjiàzhítàoqī
공정가치 서열체계 gongjonggachi soyolchegye	公允价值层次 gōngyǔnjiàzhícéngcì
처분비용차감후의 공정가치 chobunbiyongchagamhue gongjonggachi	公允价值减去处置费用 gōngyǔnjiàzhíjiǎnqùchùzhìfèiyòng
공정가치 측정 gongjonggachi cheukjjong	公允价值计量 gōngyǔnjiàzhíjìliàng
공정가치모형 gongjonggachimohyong	公允价值模型 gōngyǔnjiàzhímóxíng
잉여금 대채 공정가치모형 ingyogeum daechae gongjonggachimohyong	盈余转移公允价值模型 yíngyú zhuǎnyí gōngyǔn jiàzhí móxíng
공정가치선택권 gongjonggachisontaekkkwon	公允价值选择权 gōngyǔnjiàzhíxuǎnzéquán
충실한 표현 chungsilhan pyohyon	如实反映 rúshífǎnyìng
가족신탁 gajokssintak	家族信托 jiāzúxìntuō

feedback value	フィードバック価値 ふぃーどばっくかち
fellow subsidiary	兄弟会社 きょうだいがいしゃ
fidelity bonds	身元保証 みもとほしょう
fiduciary activities	受託業務 じゅたくぎょうむ
fiduciary capacity	受託者の資格 じゅたくしゃのしかく
final product	最終製品 さいしゅうせいひん
final salary pension plans	最終給与比例制度 さいしゅうきゅうよひれいせいど
finance costs	金融費用 きんゆうひよう
finance lease	ファイナンス・リース ふぁいなんすりーす
finance lease assets	ファイナンス・リース資産 ふぁいなんすりーすしさん
finance lease liabilities/debt	ファイナンス・リース負債/債務 ふぁいなんすりーすふさい/さいむ
finance lease receivables	ファイナンス・リース債権 ふぁいなんすりーすさいけん
financial accounting	財務会計 ざいむかいけい
Financial Accounting Standards Board (FASB)	財務会計基準審議会 ざいむかいけいきじゅんしんぎかい
financial activities	財務活動 ざいむかいつどう
financial analyst	財務アナリスト ざいむあなりすと
financial assets	金融資産 きんゆうしさん
financial broker	金融仲介機関/金融ブローカー きんゆうちゅうかいきかん/きんゆうぶろーかー
financial business	金融業 きんゆうぎょう
financial capital	財務資本 ざいむしほん
financial collateral agreements	金融商品担保契約 きんゆうしょうひんたんぽけいやく

피드백가치 pideubaekkkachi	反馈价值 fǎnkuìjiàzhí
연결실체 내의 다른 종속기업 yongyolsilche naee dareun jongsokkkiop	同系附属公司 tóngxìfùshǔgōngsī
신원보증 sinwonbojeung	忠诚保证保险 zhōngchéngbǎozhèngbǎoxiǎn
신탁활동 sintakwalttong	信托业务 xìntuōyèwù
수탁자의 자격 sutakjjae jagyok	受托人资格 shòutuōrénzīgé
최종제품 chwejongjepum	完工产品 wángōngchǎnpǐn
최종급여기준제도 chwejonggeubyogijunjedo	最终薪酬养老金计划 zuìzhōngxīnchóuyǎnglǎojīnjìhuà
금융비용 geumyungbiyong	财务费用 cáiwùfèiyòng
금융리스 geumyungnisseu	融资租赁 róngzīzūlìn
금융리스자산 geumyungnisseujasan	融资租赁资产 róngzīzūlìnzīchǎn
금융리스부채 geumyungnisseubuchae	融资租赁负债 róngzīzūlìnfùzhài
금융리스채권 geumyungnisseuchaekkwon	融资租赁应收款 róngzīzūlìnyīngshōukuǎn
재무회계 jaemuhwegye	财务会计 cáiwùkuàijì
재무회계기준위원회 jaemuhwegyegijunwiwonhwe	财务会计准则委员会 cáiwù kuàijì zhǔnzé wěiyuánhuì
재무활동 jaemuhwalttong	财务活动 cáiwùhuódòng
재무분석가 jaemubunsokkka	金融分析师 jīnróngfēnxīshī
금융자산 geumyungjasan	金融资产 jīnróngzīchǎn
금융중개기관 / 금융중개인 geumyungjunggaegigwan/geumyungjunggaein	金融中介 / 金融经纪人 jīnróngzhōngjiè/jīnróngjīngjìrén
금융업 geumyungop	金融业 jīnróngyè
재무자본 jaemujabon	金融资本 jīnróngzīběn
금융상품 담보계약 geumyungsangpum dambogyeyak	金融担保安排 jīnróngdānbǎoānpái

financial conglomerate	金融コングロマリット
	きんゆうこんぐろまりっと
financial cost	資金調達コスト
	しきんちょうたつこすと
financial covenants	財務制限条項
	ざいむせいげんじょうこう
financial crisis	金融危機
	きんゆうきき
financial debt ratio	金融負債比率
	きんゆうふさいひりつ
financial efficiency	財務効率性
	ざいむこうりつせい
financial guarantee contracts	金融保証契約
	きんゆうほしょうけいやく
financial income	金融収益
	きんゆうしゅうえき
financial institution	金融機関
	きんゆうきかん
financial instruments	金融商品
	きんゆうしょうひん
financial instruments held for trading	売買目的保有金融資産
	ばいばいもくてきほゆうきんゆうしさん
financial management	財務管理
	ざいむかんり
financial performance	財務業績
	ざいむぎょうせき
financial planning	資金計画
	しきんけいかく
financial position	財政状態
	ざいせいじょうたい
financial rating organizations	財務格付機関
	ざいむかくづけきかん
financial ratio analysis	財務比率分析
	ざいむひりつぶんせき
financial report	財務報告書
	ざいむほうこくしょ
financial reporting	財務報告
	ざいむほうこく
financial review	財務レビュー
	ざいむれびゅー
financial risk	財務リスク / 金融リスク
	ざいむりすく / きんゆうりすく

금융그룹 geumyunggeurup	金融集团 jīnróngjítuán
금융원가 geumyungwonkka	财务成本 cáiwùchéngběn
재무제한조항 jaemujehanjohang	财务约定事项 / 金融契约条款 cáiwùyuēdìngshìxiàng/jīnróngqìyuētiáokuǎn
금융위기 geumyungwigi	金融危机 jīnróngwēijī
금융부채비율 geumyungbuchaebiyul	金融负债比率 jīnróngfùzhàibǐlǜ
재정효율성 jaejonghyoyulssong	财务效率 cáiwùxiàolǜ
금융보증계약 geumyungbojeunggyeyak	财务担保合同 cáiwùdānbǎohétong
금융수익 geumyungsuik	财务收益 / 财政收益 cáiwùshōuyì/cáizhèngshōuyì
금융기관 geumyunggigwan	金融机构 jīnróngjīgòu
금융상품 geumyungsangpum	金融工具 jīnrónggōngjù
매도가능금융자산 maedoganeunggeumyungjasan	交易性金融工具 jiāoyìxìngjīnrónggōngjù
재무관리 jaemugwalri	财务管理 cáiwùguǎnlǐ
재무성과 jaemusongkkwa	财务业绩 cáiwùyèjì
재무계획 jaemugyehwek	财务策划 cáiwùcèhuà
재무상태 jaemusangtae	财务状况 cáiwùzhuàngkuàng
재정평가기관 jaejongpyongkkagigwan	金融评级机构 jīnróngpíngjíjīgòu
재무비율분석 jaemubiyulbunsok	财务比率分析 cáiwùbǐlǜfēnxī
재무보고서 jaemubogoso	财务报告 cáiwùbàogào
재무보고 jaemubogo	财务报告 cáiwùbàogào
재무검토보고서 jaemugomtobogoso	财务评述 cáiwùpíngshù
재무위험 jaemuwihom	财务风险 cáiwùfēngxiǎn

F

financial risk analysis	財務リスク分析 / 金融リスク分析
	ざいむりすくぶんせき / きんゆうりすくぶんせき
financial risk exposure	金融リスク・エクスポージャー
	きんゆうりすくえくすぽーじゃー
financial risk management	金融リスク管理
	きんゆうりすくかんり
financial soundness	財務健全性
	ざいむけんぜんせい
financial stability	財務安全性
	ざいむあんぜんせい
financial statements	財務諸表
	ざいむしょひょう
financial statements analysis	財務諸表分析
	ざいむしょひょうぶんせき
financial statements presentation	財務諸表の表示
	ざいむしょひょうのひょうじ
financial structure	財務構造
	ざいむこうぞう
financial supervisory authorities	金融監督当局
	きんゆうかんとくとうきょく
financing	資金繰り / 資金調達
	しきんぐり / しきんちょうたつ
financing arrangements	資金調達契約
	しきんちょうたつけいやく
financing method	資金調達方法
	しきんちょうたつほうほう
finished goods	完成品
	かんせいひん
firm commitment	確定契約
	かくていけいやく
first mortgage	第一抵当権
	だいいちていとうけん
first-in, first-out (FIFO) method	先入先出法
	さきいれさきだしほう
first-time adoption	初度適用
	しょどてきよう
fiscal year	財政年度
	ざいせいねんど
fittings	部品
	ぶひん
fixed asset	固定資産
	こていしさん

재무위험분석 jaemuwihombunsok	财务风险分析 cáiwùfēngxiǎnfēnxī
재무위험노출 jaemuwihomnochul	金融风险敞口 jīnróngfēngxiǎnchǎngkǒu
재무위험관리 jaemuwihomgwalri	金融风险管理 jīnróngfēngxiǎnguǎnlǐ
재무건전성 jaemugonjonsong	财务稳健性 cáiwùwěnjiànxìng
재무 안정성 jaemu anjongssong	财务稳定性 cáiwùwěndìngxìng
재무제표 jaemujepyo	财务报表 cáiwùbàobiǎo
재무제표분석 jaemujepyobunsok	财务报表分析 cáiwùbàobiǎofēnxī
재무제표의 표시 jaemujepyoe pyosi	财务报表列报 cáiwùbàobiǎolièbào
재무구조 jaemugujo	财务结构 cáiwùjiégòu
금융감독당국 geumyunggamdokttangguk	金融监督管理局 jīnróngjiāndūguǎnlǐjú
자금사정 / 자금조달 jageumsajong/jageumjodal	融资 / 资金筹措 róngzī/zījīnchóucuò
자금조달계약 jageumjodalgyeyak	融资安排 róngzīānpái
자금조달 방법 jageumjodal bangbop	融资方法 róngzīfāngfǎ
완성품 wansongpum	完工产品 wángōngchǎnpǐn
확정계약 hwakjjonggyeyak	包销承诺 bāoxiāochéngnuò
제 1 번저당권 jeilbonjodangkkwon	第一抵押权 dìyīdǐyāquán
선입선출법 sonnipssonchulppop	先进先出法 xiānjìnxiānchūfǎ
최초채택 chwechochaetaek	首次执行 / 首次采用 shǒucìzhíxíng/shǒucìcǎiyòng
회계연도 hwegyeyondo	财政年度 cáizhèngniándù
부품 bupum	配件 pèijiàn
고정자산 gojongjasan	固定资产 gùdìngzīchǎn

fixed cost	固定費 こていひ
fixed coupon rate	固定利率 こていりりつ
fixed deposit	定期預金 ていきよきん
fixed liabilities	固定負債 こていふさい
fixed manufacturing overhead	固定製造間接費 こていせいぞうかんせつひ
fixed obligations	確定債務 かくていさいむ
fixed rate	一定率 いっていりつ
fixed rate assets	固定金利資産 こていきんりしさん
fixed rate borrowings	固定金利借入金 こていきんりかりいれきん
fixed rate mortgage	固定金利住宅ローン こていきんりじゅうたくろーん
fixed-price contracts	固定価格契約 こていかかくけいやく
fixtures and furnishings	備品 びひん
flat yield curve	フラットイールドカーブ ふらっといーるどかーぶ
floating charge	浮動担保 ふどうたんぽ
floating rate	変動金利 へんどうきんり
floor contracts	金利下限契約 / フロア金利オプション きんりかげんけいやく / ふろあきんりおぷしょん
forecast	予測 よそく
forecast sale	予定売上 よていうりあげ
forecast transaction	予定取引 よていとりひき
foreign currency	外貨 がいか
foreign currency option contracts	外貨オプション契約 がいかおぷしょんけいやく

고정비 gojongbi	固定成本 gùdìngchéngběn
고정 이자율 gojong ijayul	固定票面利率 gùdìngpiàomiànlìlǜ
정기예금 jonggiyegeum	定期存款 dìngqīcúnkuǎn
고정 부채 gojong buchae	长期负债 chángqīfùzhài
고정제조간접비 gojongjejoganjopppi	固定制造费用 gùdìngzhìzàofèiyòng
확정부채 hwakjjongbuchae	固定义务 gùdìngyìwù
정률 jongnyul	固定比率 gùdìngbǐlǜ
고정금리자산 gojonggeumnijasan	固定利率资产 gùdìnglìlǜzīchǎn
고정금리차입금 gojonggeumnichaipkkeum	固定利率借款 gùdìnglìlǜjièkuǎn
고정금리 담보대출 gojonggeumni dambodaechul	固定利率住房贷款 gùdìnglìlǜzhùfángdàikuǎn
고정가격계약 gojonggagyokkkyeyak	固定价格合同 gùdìngjiàgéhétong
비품 bipum	家具和器具 jiājùhéqìjù
수익률곡선이 수평 suingnyulgokssoni supyong	平滑收益曲线 pínghuáshōuyìqūxiàn
부동담보 budongdambo	浮动抵押 fúdòngdǐyā
변동금리 byondonggeumni	浮动利率 fúdònglìlǜ
금리플로어 geumnipeulroo	利率下限期权 lìlǜxiàxiànqīquán
예측 yecheuk	预测 yùcè
예상매출 yesangmaechul	预测销售收入 yùcèxiāoshòushōurù
예상거래 yesanggorae	预期交易 yùqījiāoyì
외화 wehwa	外币 wàibì
외화옵선계약 wehwaopssyongyeyak	外汇期权合约 wàihuìqīquánhéyuē

F

foreign currency risk	外国通貨リスク / 外貨リスク がいこくつうかりすく / がいかりすく
foreign currency translation	外貨換算 がいかかんさん
foreign currency translation reserve (FCTR)	為替換算調整勘定 かわせかんさんちょうせいかんじょう
foreign entity	外国事業体 がいこくじぎょうたい
foreign exchange differences	為替差額 かわせさがく
foreign exchange gains and losses	為替差損益 かわせさそんえき
foreign exchange rates	外国為替レート / 外国為替相場 がいこくかわせれーと / がいこくかわせそうば
foreign exchange risk	外国為替リスク / 為替リスク がいこくかわせりすく / かわせりすく
forfeited shares	喪失株券 そうしつかぶけん
forgivable loans	返済免除条件付融資 へんさいめんじょじょうけんつきゆうし
form	様式 ようしき
forward contract	先渡取引 さきわたしとりひき
forward exchange rates	先物為替レート さきものかわせれーと
forward foreign exchange	外国為替先物予約 がいこくかわせさきものよやく
forward foreign exchange contracts	先物為替予約取引 さきものかわせよやくとりひき
forward purchase contract	先渡購入契約 さきわたしこうにゅうけいやく
forward repurchase agreement	先渡買戻条件付契約 さきわたしかいもどしじょうけんつきけいやく
framework agreement	フレームワーク合意方式 ふれーむわーくごういほうしき
franchise	フランチャイズ ふらんちゃいず
fraud prevention	不正防止 ふせいぼうし
free cash flow	フリー・キャッシュ・フロー ふりーきゃっしゅふろー

| 외화위험 | 外币风险 |
| wehwawihom | wàibìfēngxiǎn |

| 외화환산 | 外币折算 |
| wehwahwansan | wàibìzhésuàn |

| 외화환산적립금 | 外币折算储备 |
| wehwahwansanjongnipkkeum | wàibìzhésuànchǔbèi |

| 해외기업 | 外国实体 |
| haewegiop | wàiguóshítǐ |

| 외환차이 | 外币折算差额 / 汇兑差额 |
| wehwanchai | wàibìzhésuànchāé/huìduìchāé |

| 외환차손익 | 汇兑损益 |
| wehwanchasonik | huìduìsǔnyì |

| 환율 | 外汇汇率 |
| hwanyul | wàihuìhuìlǜ |

| 외환 위험 | 外汇风险 |
| wehwan wihom | wàihuìfēngxiǎn |

| 실권주 | 被没收的股份 |
| silgwonju | bèimòshōudegǔfèn |

| 상환면제가능대출 | 可免除贷款 |
| sanghwanmyonjeganeungdaechul | kěmiǎnchúdàikuǎn |

| 형식 | 形式 |
| hyongsik | xíngshì |

| 선도계약 | 远期合同 |
| sondogyeyak | yuǎnqīhétong |

| 선물환율 | 远期汇率 |
| sonmulhwanyul | yuǎnqīhuìlǜ |

| 외국환선물예약 | 远期外汇 |
| wegukwansonmulryeyak | yuǎnqīwàihuì |

| 선물환예약거래 | 远期外汇合同 |
| sonmulhwannyeyakkkorae | yuǎnqīwàihuìhétong |

| 선도매입계약 | 远期采购合同 |
| sondojaemaeipkkyeyak | yuǎnqīcǎigòuhétong |

| 선도재매입계약 | 远期回购协议 |
| sondomaeipkkyeyak | yuǎnqīhuígòuxiéyì |

| 기본협정 | 框架协议 |
| gibonhyopjjong | kuàngjiàxiéyì |

| 프랜차이즈 | 特许经销权 |
| peuraenchaijeu | tèxǔjīngxiāoquán |

| 부정방지 | 舞弊预防 |
| bujongbangji | wǔbìyùfáng |

| 잉여현금흐름 | 自由现金流 |
| ingyohyongeumheureum | zìyóuxiànjīnliú |

freight cost	運賃 うんちん
freight inward	仕入運賃 しいれうんちん
freight-out	発送運賃 はっそううんちん
frequency of reporting	報告の頻度 ほうこくのひんど
fringe benefits	福利厚生 ふくりこうせい
full capital encroachment	債務超過 さいむちょうか
fully participating preferred stock	完全参加型優先株式 かんぜんさんかがたゆうせんかぶしき
functional currency	機能通貨 きのうつうか
functional-form comprehensive income statement	機能別分類包括損益計算書 きのうべつぶんるいほうかつそんえききけいさんしょ
fund borrowing	資金借入 しきんかりいれ
fundamental property	基本財産 きほんざいさん
future cash flow	将来キャッシュ・フロー しょうらいきゃっしゅふろー
future economic benefits	将来の経済的便益 しょうらいのけいざいてきべんえき
future tax rate	将来の税率 しょうらいのぜいりつ
future value	将来価値 しょうらいかち
futures contract	先物取引 さきものとりひき

– G –

gain	差益 / 利得 さえき / りとく
gain from equity method for subsidiaries	子会社持分法利益 こがいしゃもちぶんほうりえき
gain on disposal	処分利益 しょぶんりえき

운임 unim	运输成本 yùnshūchéngběn
매입운임 maeibunim	购货运费 gòuhuòyùnfèi
발송운임 balssongunim	销货运费 xiāohuòyùnfèi
보고빈도 bogobindo	报告频率 bàogàopínlǜ
부가혜택 bugahyetaek	附加福利 fùjiāfúlì
완전자본잠식 wanjonjabonjamsik	完全资本侵占 wánquánzīběnqīnzhàn
완전참가적 우선주 wanjonchamgajok usonju	完全参与优先股 wánquáncānyùyōuxiāngǔ
기능통화 gineungtonghwa	功能货币 gōngnénghuòbì
기능별 포괄손익계산서 gineungbyol pogwalsonikkkyesanso	按功能分类综合收益表 àngōngnéngfēnlèizōnghéshōuyìbiǎo
자금차입 jageumchaip	资金借贷 zījīnjièdài
기본재산 gibonjaesan	基本财产 jīběncáichǎn
미래현금흐름 miraehyongeumheureum	未来现金流 wèiláixiànjīnliú
미래의 경제적 효익 miraee gyongjejok hyoik	未来经济利益 wèiláijīngjìlìyì
미래세율 miraeseyul	未来税率 wèiláishuìlǜ
미래가치 miraegachi	终值 zhōngzhí
선물계약 sonmulgyeyak	期货合同 qīhuòhétong

G

차익 / 이득 chaik/ideuk	利得 / 受益 zēngyì/lìdé
자회사 지분법 이익 jahwesa jibunppop iik	子公司权益法收益 zǐgōngsīquányìfǎshōuyì
처분이익 chobunniik	处置收益 chǔzhìshōuyì

gain on revaluation of land and buildings	土地建物再評価益 とちたてものさいひょうかえき
gain or loss on cash flow hedges	キャッシュ・フロー・ヘッジ損益 きゃっしゅふろーへっじそんえき
gain or loss on valuation of cash flow hedges	キャッシュ・フロー・ヘッジ評価損益 きゃっしゅふろーへっじひょうかそんえき
gains from capital reduction	減資差益 げんしさえき
gains from disposal of securities	有価証券処分益 ゆうかしょうけんしょぶんえき
gains from disposal of tangible fixed assets	有形固定資産売却益 ゆうけいこていしさんばいきゃくえき
general commercial transactions	一般商取引 いっぱんしょうとりひき
general journal	一般仕訳帳 いっぱんしわけちょう
general ledger	総勘定元帳 そうかんじょうもとちょう
general management expenses	一般管理費 いっぱんかんりひ
general meeting of shareholders	株主総会 かぶぬしそうかい
general partnership company	合名会社 ごうめいがいしゃ
general purpose financial reporting	一般目的財務報告 いっぱんもくてきざいむほうこく
general purpose financial statements	一般目的財務諸表 いっぱんもくてきざいむしょひょう
generally accepted accounting principles (GAAP)	一般に認められた会計原則 いっぱんにみとめられたかいけいげんそく
geographical segments	地域別セグメント ちいきべつせぐめんと
gift	贈与 ぞうよ
gift certificate	商品券 しょうひんけん
gift tax	贈与税 ぞうよぜい
gigantic capital	巨大資本 きょだいしほん

토지건물재평가이익 tojigonmuljaepyongkkaiik	土地和建筑物重估收益 tǔdìhéjiànzhùwùchónggūshōuyì
현금흐름위험회피손익 hyongeumheureumwihomhwepisonik	现金流量套期损益 xiànjīnliúliàngtàoqīsǔnyì
현금흐름위험회피 파생상품평가손익 hyongeumheureumwihomhwepi pasaengsangpumpyongkkasonik	现金流量套期的估值损益 xiànjīnliúliàngtàoqīdegūzhísǔnyì
감자차익 gamjachaik	减资利得 jiǎnzīlìdé
유가증권처분익 yukkajeungkkwonchobunnik	有价证券处置利得 yǒujiàzhèngquànchǔzhìlìdé
유형자산처분익 yuhyongjasanchobunnik	固定资产处置利得 gùdìngzīchǎnchǔzhìlìdé
일반적 상거래 ilbanjok sanggorae	一般商业交易 yìbānshāngyèjiāoyì
일반분개장 ilbanbungaejang	总日记账 zǒngrìjìzhàng
총계정원장 chonggyejongwonjang	总分类账 zǒngfēnlèizhàng
일반관리비 ilbangwalribi	一般管理费用 yìbānguǎnlǐfèiyòng
주주총회 jujuchonghwe	股东大会 gǔdōngdàhuì
합명회사 hammyonghwesa	普通合伙公司 pǔtōnghéhuǒgōngsī
일반목적 재무보고 ilbanmokjjok jaemubogo	通用财务报告 tōngyòngcáiwùbàogào
일반목적 재무제표 ilbanmokjjok jaemujepyo	通用财务报表 tōngyòngcáiwùbàobiǎo
일반적으로 인정된 회계기준 ilbanjogeuro injongdwen hwegyegijun	一般公认会计原则 / 公认会计原则 yìbāngōngrènkuàijìyuánzé/gōngrènkuàijìyuánzé
지역별 부문 jiyokppyol bumun	地区分部 dìqūfēnbù
증여 jeungyo	捐赠 juānzèng
상품권 sangpumkkwon	礼品券 lǐpǐnquàn
증여세 jeungyosse	赠与税 zèngyǔshuì
거대자본 godaejabon	巨额资本 jùézīběn

G

global business	グローバル事業 ぐろーばるじぎょう
goal	目標 もくひょう
going concern	継続企業 けいぞくきぎょう
going concern assumption	継続企業の仮定 けいぞくきぎょうのかてい
going concern disclosures	継続企業の前提に関する開示 けいぞくきぎょうのぜんていにかんするかいじ
goods	財貨 / 商品 ざいか / しょうひん
goods in transit	未着品 みちゃくひん
goodwill	のれん のれん
goodwill impairment	のれんの減損 のれんのげんそん
goodwill impairment testing	のれんの減損テスト のれんのげんそんてすと
governing board	理事会 りじかい
governing charter	運営規約 うんえいきやく
government	政府 せいふ
government grants	政府補助金 せいふほじょきん
government guarantee	政府保証 せいふほしょう
government loans	公的融資 こうてきゆうし
government securities	政府有価証券 せいふゆうかしょうけん
government-related entity	政府関係機関 せいふかんけいきかん
green marketing	グリーン・マーケティング ぐりーんまーけてぃんぐ
gross basis	総額主義 そうがくしゅぎ
gross margin	粗利益率 あらりえきりつ

글로벌 사업 geulrobol saop	全球业务 quánqiúyèwù
목표 mokpyo	目标 mùbiāo
계속기업 gyesokkkiop	持续经营 chíxùjīngyíng
계속기업의 가정 gyesokkkiobe gajong	持续经营假设 chíxùjīngyíngjiǎshè
계속기업의 가정의 공시 gyesokkkiobe gajonge gongsi	持续经营披露 chíxùjīngyíngpīlù
재화 / 상품 jaehwa j/sangpum	货物 / 物品 huòwù/wùpǐn
미착품 michakpum	在途商品 zàitúshāngpǐn
영업권 yongopkkwon	商誉 shāngyù
영업권의 손상차손 yongopkkwone sonsangchason	商誉减值 shāngyùjiǎnzhí
영업권의 손상을 검사 yongopkkwone sonsangeul gomsa	商誉减值测试 shāngyùjiǎnzhícèshì
이사회 isahwe	理事会 lǐshìhuì
정관 jonggwan	治理章程 zhìlǐzhāngchéng
정부 jongbu	政府 zhèngfǔ
정부보조금 jongbubojogeum	政府补助 zhèngfǔbǔzhù
정부의 보증 jongbue bojeung	政府担保 zhèngfǔdānbǎo
정부대여금 jongbudaeyogeum	政府贷款 zhèngfǔdàikuǎn
국채 gukchae	政府证券 zhèngfǔzhèngquàn
정부특수관계기업 jongbuteukssugwangyegiop	政府相关实体 zhèngfǔxiāngguānshítǐ
녹색 마케팅 nokssaek maketing	绿色营销 lǜsèyíngxiāo
총액기준 chongaekkkijun	基于总值 jīyúzǒngzhí
매출총이익 maechulchongniik	毛利率 máolìlǜ

G

gross profit	売上総利益 うりあげそうりえき
gross profit and loss	売上総損益 うりあげそうそんえき
gross profit margin	売上総利益率 うりあげそうりえきりつ
gross profit method	売上総利益法 うりあげそうりえきほう
group depreciation method	総合償却法 そうごうしょうきゃくほう
group insurance contract	団体保険契約 だんたいほけんけいやく
growing power	成長力 せいちょうりょく
growth driver	成長ドライバー せいちょうどらいばー
growth rate	成長率 / 増加率 せいちょうりつ / ぞうかりつ
guaranteed residual value	保証残価 ほしょうざんか
guaranteed yield to maturity	満期保証収益率 まんきほしょうしゅうえきりつ
guideline	ガイドライン / 指針 がいどらいん / ししん

– H –

handling expenses	荷役料 にやくりょう
hardware	ハードウェア はーどうぇあ
harvests	収穫 しゅうかく
hedge accounting	ヘッジ会計 へっじかいけい
hedge effectiveness	ヘッジの有効性 へっじのゆうこうせい
hedging derivatives	ヘッジ・デリバティブ へっじでりばてぃぶ
hedging instrument	ヘッジ手段 へっじしゅだん

매출총이익 maechulchongniik	销售毛利 xiāoshòumáolì
매출총손익 maechulchongsonik	销售毛利和损失 xiāoshòumáolihésǔnshī
매출총이익률 maechulchongniingnyul	毛利率 máolìlù
매출총이익법 maechulchongniikppop	毛利法 máolìfǎ
조별상각법 jobyolsanggakppop	分类折旧法 fēnlèizhéjiùfǎ
단체보험계약 danchebohomgyeyak	团体保险合同 tuántǐbǎoxiǎnhétong
성장력 songjangnyok	增长力 zēngzhǎnglì
성장 동인 songjang dongin	增长动因 zēngzhǎngdòngyīn
성장률 / 증가율 songjangnyul/jeunggayul	增长率 zēngzhǎnglǜ
보증잔존가치 bojeungjanjongachi	担保余值 / 担保残值 dānbǎoyúzhí/dānbǎocánzhí
만기보장수익률 mangibojangsuingnyul	保证债券到期收益率 bǎozhèngzhàiquàn dàoqíshōuyìlǜ
가이드라인 / 지침 gaideurain/jichim	指南 zhǐnán

하역료 hayongnyo	搬运费用 / 装卸费用 / 手续（管理）费 bānyùnfèiyòng/zhuāngxièfèiyòng/shǒuxù (guǎnlǐ) fèi
하드웨어 hadeuwaeo	硬件 yìngjiàn
수확물 suhwangmul	收获 shōuhuò
위험회피회계 wihomhwepihwegye	套期会计 tàoqīkuàijì
위험회피효과 wihomhwepihyokkwa	套期有效性 tàoqīyǒuxiàoxing
위험회피목적 파생상품 wihomhwepimokjjok pasaengsangpum	套期衍生工具 tàoqīyǎnshēnggōngjù
위험회피수단 wihomhwepisudan	套期工具 tàoqīgōngjù

H

hedging reserve	ヘッジ剰余金
	へっじじょうよきん
held-to-maturity financial assets	満期保有金融資産
	まんきほゆうきんゆうしさん
held-to-maturity investments	満期保有投資
	まんきほゆうとうし
hidden reserve	秘密積立金
	ひみつつみたてきん
highest and best use	最有効使用
	さいゆうこうしよう
hire-purchase contract	購入選択権付賃貸借契約 / 購入選択権付リース契約
	こうにゅうせんたくけんつきちんたいしゃくけいやく /
	こうにゅうせんたくけんつきりーすけいやく
historic volatility	実績ボラティリティ
	じっせきぼらてぃりてぃ
historical cost	歴史的原価
	れきしてきげんか
historical cost convention	取得原価主義
	しゅとくげんかしゅぎ
holding company	持株会社
	もちかぶがいしゃ
holding ratio	持株比率
	もちかぶひりつ
horizontal analysis	期間比較分析
	きかんひかくぶんせき
host contract	親契約
	おやけいやく
household account book	家計簿
	かけいぼ
household debt	家計負債
	かけいふさい
huge capital	巨大資本
	きょだいしほん
human resources/human capital	人的資源 / 人的資本
	じんてきしげん / じんてきしほん
hybrid contract	多段階契約
	ただんかいけいやく
hyperinflationary economies	超インフレ経済
	ちょういんふれけいざい

위험회피적립금 wihomhwepijongnipkkeum	套期准备 tàoqīzhǔnbèi
만기보유금융자산 mangiboyugeumyungjasan	持有至到期金融资产 chíyǒuzhìdàoqījīnróngzīchǎn
만기보유증권 mangiboyujeungkkwon	持有至到期投资 chíyǒuzhìdàoqītóuzī
비밀적립금 bimiljjongnipkkeum	秘密准备 mìmìzhǔnbèi
최고 최선의 사용 chwego chwesone sayong	最大最佳用途 / 最高最佳使用 zuìdàzuìjiāyòngtú/zuìgāozuìjiāshǐyòng
할부구매계약 halbugumaegyeyak	租购合同 / 租赁购销合同 zūgòuhétóng/zūlìngòuxiāohétóng
실적 변동성 siljjok byondongssong	历史波动率 lìshǐbōdònglǜ
역사적 원가 yokssajok wonkka	历史成本 lìshǐchéngběn
취득원가주의 chwideugwonkkajue	历史成本惯例 lìshǐchéngběnguànlì
지주 회사 jiju hwesa	控股公司 kònggǔgōngsī
지주 비율 jiju biyul	持股比率 chígǔbǐlǜ
수평적 분석 supyongjok bunsok	横向分析 héngxiàngfēnxī
주계약 jugyeyak	主合同 zhǔhétong
가계부 gagyebu	家庭簿记 jiātíngbùjì
가계부채 gagyebuchae	家庭债务 jiātíngzhàiwù
거대자본 godaejabon	巨额资本 jùézīběn
인적자원 / 인적자본 injjokjawon/injokjabon	人力资源 / 人力资本 rénlìzīyuán/rénlìzīběn
복합계약 bokapkkyeyak	混合合同 hùnhéhétong
초인플레이션 경제 choinpeulreisyon gyongje	恶性通货膨胀经济 èxìngtōnghuòpéngzhàngjīngjì

$- I -$

IASC Foundation Constitution	国際会計基準委員会財団定款 こくさいかいけいきじゅんいいんかいざいだんていかん
identifiability	識別可能性 しきべつかのうせい
identifiable asset	識別可能資産 しきべつかのうしさん
Identification of transactions	取引の識別 とりひきのしきべつ
if-converted method	転換仮定法 てんかんかていほう
IFRS Advisory Council	国際財務報告基準諮問会議 こくさいざいむほうこくきじゅんしもんかいぎ
IFRS Foundation	国際財務報告基準財団 こくさいざいむほうこくきじゅんざいだん
illustrative example	用例 ようれい
impairment	減損 げんそん
impairment accounting	減損会計 げんそんかいけい
impairment loss	減損損失 げんそんそんしつ
impairment of assets	資産の減損 しさんのげんそん
impairment test	減損テスト げんそんてすと
impairments in property, plant and equipment	有形固定資産の減損 ゆうけいこていしさんのげんそん
import duties	輸入関税 ゆにゅうかんぜい
imprest system	定額資金前渡制度 ていがくしきんまえわたしせいど
improvement	改善 かいぜん
improvement costs	改良費 かいりょうひ

IASCF 정관 aieiesseussiepeu jonggwan	国际会计准则委员会基金会章程 guójìkuàijìzhǔnzéwěiyuánhuìjījīnhuìzhāngchéng
식별가능성 sikppyolganeungssong	可辨认性 kěbiànrènxing
식별가능한 자산 sikppyolganeunghan jasan	可辨认资产 kěbiànrènzīchǎn
거래의 식별 goraee sikppyol	交易的确认 jiāoyìdequèrèn
전환가정법 jonhwangajongppop	假设转换法 jiǎshèzhuǎnhuànfǎ
국제회계기준자문위원회 gukjjehwegyegijunjamunwiwonhwe	国际财务报告准则咨询委员会 guójìcáiwùbàogàozhǔnzézīxúnwěiyuánhuì
국제회계기준재단 gukjjehwegyegijunjaedan	国际财务报告准则基金会 guójìcáiwùbàogàozhǔnzéjījīnhuì
적용사례 jogyongsarye	示例 shìlì
손상 sonsang	减值 jiǎnzhí
손상회계 sonsanghwegye	减值会计 jiǎnzhíkuàijì
손상차손 sonsangchason	减值损失 jiǎnzhísǔnshī
자산손상 jasansonsang	资产减值 zīchǎnjiǎnzhí
손상검사 sonsanggomsa	减值测试 jiǎnzhícèshì
유형자산의 손상 yuhyongjasane sonsang	固定资产减值 / 不动产、厂房和设备减值 gùdìngzīchǎnjiǎnzhí/ bùdòngchǎn, chǎngfáng hé shèbèi jiǎnzhí
수입관세 suipkkwanse	进口关税 jìnkǒuguānshuì
정액소액현금제도 jongaekssoaekyongeumjedo	定额备用金制度 dìngébèiyòngjīnzhìdù
개선 gaeson	改善 gǎishàn
개량비 gaeryangbi	改良成本 gǎiliángchéngběn

imputed interest rate	帰属利子率 きぞくりしりつ
in the money	イン・ザ・マネー いんざまねー
inauguration	開業 かいぎょう
incentives	インセンティブ いんせんてぃぶ
incidental acquisition expenses	取得付随費 / 取得付随費用 しゅとくふずいひ / しゅとくふずいひよう
incidental costs of disposal	売却付随費用 ばいきゃくふずいひよう
incidental expenses	付随費用 ふずいひよう
incidental income	雑収入 / 雑益 ざつしゅうにゅう / ざつえき
incidental operations	付帯事業 ふたいじぎょう
incidental purchase expenses	仕入付随費用 しいれふずいひよう
income	収入 / 所得 / 利益 しゅうにゅう / しょとく / りえき
income approach	インカム・アプローチ いんかむあぷろーち
income deduction	所得控除 しょとくこうじょ
income statement	損益計算書 そんえきけいさんしょ
income tax	所得税 しょとくぜい
income tax expense	法人税費用 ほうじんぜいひよう
income tax payable	未払法人税 みはらいほうじんぜい
income taxes paid	法人税納付額 ほうじんぜいのうふがく
increase	増加 ぞうか
increase and decrease	増減 ぞうげん
increase in assets	資産の増加 しさんのぞうか

귀속이자율 gwisongnijayul	估算利率 gūsuànlìlǜ
내가격 naegagyok	沽盈价 / 价内 gūyíngjià/jiànèi
개업 gaeop	开业 kāiyè
인센티브 insentibeu	激励措施 jīlìcuòshī
취득부대비 / 취득부대비용 chwideukppudaebi/chwideukppudaebiyong	购置附加费用 gòuzhìfùjiāfèiyòng
매각부대원가 maegakppudaewonga	处置附加成本 chǔzhìfùjiāchéngběn
부대비용 budaebiyong	附加费用 fùjiāfèiyòng
부수적 이익 busujok iik	杂项收入 / 偶然所得 záxiàngshōurù/ǒuránsuǒdé
부수적인 영업활동 busujogin yongopwalttong	附营业务 fùyíngyèwù
매입부대비용 maeipppudaebiyong	采购附加费用 cǎigòufùjiāfèiyòng
수입 / 소득 / 이익 suip/sodeuk/iik	收入 / 所得 / 收益 shōurù/suǒdé/shōuyì
이익접근법 iikjjopkkeunbop	收益法 shōuyìfǎ
소득공제 sodeukkkongje	所得扣除 suǒdékòuchú
손익계산서 sonikkkyesanso	利润表 / 损益表 lìrùnbiǎo/sǔnyìbiǎo
소득세 sodeuksse	所得税 suǒdéshuì
법인세비용 bobinssebiyong	企业所得税费用 qǐyèsuǒdéshuìfèiyòng
미지급법인세 mijigeupppobinsse	应付所得税 yìngfùsuǒdéshuì
법인세지급액 bobinssejigeubaek	本期支付企业所得税 běnqīzhīfùqǐyèsuǒdéshuì
증가 jeungga	增加 zēngjiā
증감 jeunggam	增减 zēngjiǎn
자산의 증가 jasane jeungga	资产的增加 zīchǎndezēngjiā

increase in capital	資本の増加 しほんのぞうか
increase in liabilities	負債の増加 ふさいのぞうか
incremental borrowings rate	追加借入利子率 ついかかりいれりしりつ
incremental expenses	増分費用 ぞうぶんひよう
incremental method	増分法 ぞうぶんほう
incremental profit	増分利益 ぞうぶんりえき
incremental revenues	増分収益 ぞうぶんしゅうえき
indemnification assets	補償資産 ほしょうしさん
independent stores	独立店舗 どくりつてんぽ
indicators	指標 しひょう
indicators of impairment	減損の兆候 げんそんのちょうこう
indirect causality	間接的因果関係 かんせつてきいんがかんけい
indirect cost	間接原価 かんせつげんか
indirect depreciation	間接償却 かんせつしょうきゃく
indirect expenses	間接経費 かんせつけいひ
indirect financing	間接金融 かんせつきんゆう
indirect issuing	間接発行 かんせつはっこう
indirect material cost	間接材料費 かんせつざいりょうひ
indirect method	間接法 かんせつほう
indirect tax	間接税 かんせつぜい
individual financial statements	個別財務諸表 こべつざいむしょひょう

자본의 증가 jabone jeungga	资本的增加 zīběndezēngjiā
부채의 증가 buchaee jeungga	负债的增加 fùzhàidezēngjiā
증분차입이자율 jeungbunchaimnijayul	增量借款利率 zēngliàngjièkuǎnlìlǜ
증분비용 jeungbunbiyong	增量费用 zēngliàngfèiyòng
증분법 jeungbunppop	增量法 zēngliàngfǎ
증분이익 jeungbunniik	增量利润 zēngliànglìrùn
증분수익 jeungbunsuik	增量收入 zēngliàngshōurù
보상자산 bosangjasan	补偿性资产 bǔchángxìngzīchǎn
독립점포 dongnipjjompo	独立店铺 dúlìdiànpù
지표 jipyo	指标 zhǐbiāo
손상징후 sonsangjinghu	减值迹象／减值指标 jiǎnzhíjīxiàng/jiǎnzhízhǐbiāo
간접적인과관계 ganjopjjongningwagwangye	间接因果关系 jiànjiēyīnguǒguānxi
간접원가 ganjobwonkka	间接成本 jiànjiēchéngběn
간접상각 ganjopssanggak	间接折旧 jiànjiēzhéjiù
간접경비 ganjopkkyongbi	间接费用 jiànjiēfèiyòng
간접금융 ganjopkkeumyung	间接融资 jiànjiēróngzī
간접발행 ganjopppalhaeng	间接发行 jiànjiēfāxíng
간접재료원가 ganjopjjaeryowonkka	间接材料成本 jiànjiēcáiliàochéngběn
간접법 ganjopppop	间接法 jiànjiēfǎ
간접세 ganjopsse	间接税 jiànjiēshuì
개별재무제표 gaebyoljaemujepyo	单独财务报表 dāndúcáiwùbàobiǎo

industrial capital	産業資本 さんぎょうしほん
industrial property rights	産業財産権 さんぎょうざいさんけん
industrial revolution	産業革命 さんぎょうかくめい
industry	産業 / 業種 さんぎょう / ぎょうしゅ
industry average	業種平均 / 産業平均 ぎょうしゅへいきん / さんぎょうへいきん
industry average ratio	業種別平均比率 ぎょうしゅべつへいきんひりつ
industry segments	産業セグメント さんぎょうせぐめんと
inflation	インフレーション いんふれーしょん
inflationary risk	インフレ・リスク いんふれりすく
information	情報 じょうほう
information asymmetry	情報の非対称 じょうほうのひたいしょうせい
information demand	情報需要 じょうほうじゅよう
information user	情報利用者 じょうほうりようしゃ
inheritance tax	相続税 そうぞくぜい
initial margin	イニシャル・マージン いにしゃるまーじん
initial measurement	当初測定 とうしょそくてい
initial public offering (IPO)	新規株式公開 しんきかぶしきこうかい
initial recognition	当初認識 とうしょにんしき
inland tax	内国税 ないこくぜい
innovation	革新 / イノベーション かくしん / いのべーしょん
input	インプット いんぷっと

산업자본 sanopjjabon	产业资本 / 工业资本 chǎnyèzīběn/gōngyèzīběn
산업재산권 sanopjjaesankkwon	工业产权 gōngyèchǎnquán
산업혁명 sanopyongmyong	工业革命 gōngyègémìng
산업 / 업종 sanop/opjjong	产业 / 行业 chǎnyè/hángyè
업종평균 / 산업평균 opjjongpyonggyun/sanoppyonggyun	行业平均 / 产业平均 hángyèpíngjūn/chǎnyèpíngjūn
업종별 평균비율 opjjongbyol pyonggyunbiyul	行业平均比率 hángyèpíngjūnbǐlǜ
산업 부문 sanop bumun	产业分部 chǎnyèfēnbù
인플레이션 inpeulreisyon	通货膨胀 tōnghuòpéngzhàng
인플레이션 위험 inpeulreisyon wihom	通货膨胀风险 tōnghuòpéngzhàngfēngxiǎn
정보 jongbo	信息 xìnxī
정보비대칭 jongbobidaeching	信息不对称 xìnxībùduìchèn
정보수요 jongbosuyo	信息需求 xìnxīxūqiú
정보이용자 jongboiyongja	信息使用者 xìnxīshǐyòngzhě
상속세 sangsoksse	遗产税 yíchǎnshuì
개시증거금 gaesijeunggogeum	初始保证金 chūshǐbǎozhèngjīn
최초측정 chwechocheukjjong	初始计量 chūshǐjìliàng
최초 기업공개 / 주식상장 chwecho giopkkonggae/jusikssangjjang	首次公开募股 shǒucìgōngkāimùgǔ
최초인식 chwechoinsik	初始确认 chūshǐquèrèn
내국세 naeguksse	国内税 guónèishuì
혁신 hyokssin	创新 chuàngxīn
투입 tuip	投入 tóurù

input cost	投入原価
	とうにゅうげんか
inscribed bond	記名式社債
	きめいしきしゃさい
insolvency	返済不能 / 破産
	へんさいふのう / はさん
inspection method	実査法
	じっさほう
installment sales	割賦販売
	かっぷはんばい
in-substance defeasance	実質的ディフィーザンス
	じっしつてきでぃふぃーざんす
in-substance fixed lease payments	実質固定リース料
	じっしつこていりーすりょう
insurable interest	被保険利益
	ひほけんりえき
insurance agency commissions	保険代理店手数料
	ほけんだいりてんてすうりょう
insurance assets	保険資産
	ほけんしさん
insurance company	保険会社
	ほけんがいしゃ
insurance expenses	支払保険料
	しはらいほけんりょう
insurance investment funds	保険投資ファンド
	ほけんとうしふぁんど
insurance liability	保険負債
	ほけんふさい
insurance obligations	保険加入義務 / 付保義務
	ほけんかにゅうぎむ / ふほぎむ
insurance recovery	保険金収入 / 保険金回収 / 保険金請求
	ほけんきんしゅうにゅう / ほけんきんかいしゅう / ほけんきんせいきゅう
insurance risk	保険リスク
	ほけんりすく
insurance swaps	保険スワップ
	ほけんすわっぷ
insured event	保険事象
	ほけんじしょう
insurer	保険者 / 保険業者
	ほけんしゃ / ほけんぎょうしゃ

| 투입원가 | 投入成本 |
| tuibwonkka | tóurùchéngběn |

| 기명식 사채 | 记名债券 |
| gimyongsik sachae | jìmíngzhàiquàn |

| 상환불능 / 파산 | 资不抵债 / 破产 |
| sanghwanbulreung/pasan | zībùdǐzhài/pòchǎn |

| 실사법 | 监盘法 / 观察法 / 检验法 |
| silssappop | jiānpánfǎ/guāncháfǎ/jiǎnyànfǎ |

| 할부판매 | 分期付款销售 |
| halbupanmae | fēnqīfùkuǎnxiāoshòu |

| 사실상 해제 | 视同清偿 |
| sasilssang haeje | shìtóngqīngcháng |

| 실질적인 고정리스료 | 实质固定租赁付款额 |
| siljjiljjogin gojongnisseuryo | shízhìgùdìngzūlìnfùkuǎné |

| 피보험이익 | 保险利益 |
| pibohomniik | bǎoxiǎnlìyì |

| 보험대리수수료 | 保险代理人佣金 |
| bohomdaerisusuryo | bǎoxiǎndàilǐrényòngjīn |

| 보험자산 | 保险资产 |
| bohomjasan | bǎoxiǎnzīchǎn |

| 보험회사 | 保险公司 |
| bohomhwesa | bǎoxiǎngōngsī |

| 보험료 | 保险费 |
| bohomnyo | bǎoxiǎnfèi |

| 보험투자펀드 | 保险投资基金 |
| bohomtujapondeu | bǎoxiǎntóuzījījīn |

| 보험부채 | 保险责任 |
| bohombuchae | bǎoxiǎnzérèn |

| 보험의무 | 保险义务 |
| bohomuimu | bǎoxiǎnyìwù |

| 보험금 수입 / 보험금 회수 / 보험금 청구 | 保险赔款 / 保险追偿 / 保险理赔 |
| bohomgeum suip/bohomgeum hwesu/bohomgeum chonggu | bǎoxiǎnpéikuǎn/bǎoxiǎnzhuīcháng/bǎoxiǎnlǐpéi |

| 보험위험 | 保险风险 |
| bohomwihom | bǎoxiǎnfēngxiǎn |

| 보험스왑 | 保险互换 |
| bohomseuwap | bǎoxiǎnhùhuàn |

| 보험사건 | 保险事故 |
| bohomsakkon | bǎoxiǎnshìgù |

| 보험자 | 保险人 |
| bohomja | bǎoxiǎnrén |

intangible assets	無形資産
	むけいしさん
integrated report	統合報告書
	とうごうほうこくしょ
intellectual assets	知的資産
	ちてきしさん
intellectual property (IP)	知的所有権 / 知的財産権
	ちてきしょゆうけん / ちてきざいさんけん
intercompany comparisons	企業間比較
	きぎょうかんひかく
intercompany transaction	会社間取引 / 企業間取引
	かいしゃかんとりひき / きぎょうかんとりひき
interest	利子 / 利息
	りし / りそく
interest coverage ratio	インタレスト・カバレッジ比率
	いんたれすとかばれっじひりつ
interest expense	支払利息
	しはらいりそく
interest income	利子所得
	りししょとく
interest payable	未払利息
	みはらいりそく
interest rate	金利 / 利率
	きんり / りりつ
interest rate risk	金利リスク
	きんりりすく
interest rate swaps	金利スワップ
	きんりすわっぷ
interest receivable	未収利息
	みしゅうりそく
interest revenue	受取利息
	うけとりりそく
interest-bearing note	利付手形
	りつきてがた
interest-only strip	金利ストリップス債
	きんりすとりっぷすさい
interim dividend	中間配当
	ちゅうかんはいとう
interim financial reporting	中間財務報告
	ちゅうかんざいむほうこく
interim financial statements	中間財務諸表
	ちゅうかんざいむしょひょう

무형 자산 muhyong jasan	无形资产 wúxíngzīchǎn
통합 보고서 tonghap bogoso	整合报告 zhěnghébàogào
지적자산 jijjokjjasan	智力资产 zhìlìzīchǎn
지적소유권 jijjokssoyukkwon	知识产权 zhīshichǎnquán
기업간 비교 giopkkan bigyo	公司间比较 gōngsījiānbǐjiào
기업집단 내부거래 / 기업간 거래 giopjjipttan naebugorae/giopkkan gorae	公司间业务往来 / 公司间交易 gōngsījiān yèwùwǎnglái/gōngsījiānjiāoyì
이자 ija	利息 lìxi
이자보상비율 ijabosangbiyul	利息保障倍数 lìxibǎozhàngbèishù
이자비용 ijabiyong	利息费用 lìxifèiyòng
이자소득 ijasodeuk	利息所得 lìxisuǒdé
미지급이자 mijigeumnija	应付利息 yìngfulìxi
금리 geumni	利率 lìlǜ
이자율위험 ijayurwihom	利率风险 lìlǜfēngxiǎn
이자율스왑 ijayulseuwap	利率互换 / 利率掉期 lìlǜhùhuàn/lìlǜdiàoqī
미수이자 misuija	应收利息 yīngshōulìxi
이자수익 ijasuik	利息收入 lìxishōurù
이자부어음 ijabuoeum	附息票据 fùxīpiàojù
이자스트립 ijaseuteurip	分割利息债券 fēngēlìxìzhàiquàn
중간배당 jungganbaedang	中期股息 zhōngqīgǔxī
중간재무보고 jungganjaemubogo	中期财务报告 zhōngqīcáiwùbàogào
중간재무제표 jungganjaemujepyo	中期财务报表 zhōngqīcáiwùbàobiǎo

intermediary sales	仲介販売 ちゅうかいはんばい
internal audit	内部監査 ないぶかんさ
internal control	内部統制 ないぶとうせい
internal control system	内部統制制度 ないぶとうせいせいど
internal management	内部管理 ないぶかんり
internal rate of return	内部収益率 ないぶしゅうえきりつ
Internal Revenue Service (IRS)	内国歳入庁 ないこくさいにゅうちょう
internal risk transfer	内部リスク移転 ないぶりすくいてん
internal transactions	内部取引 ないぶとりひき
internal user	内部利用者 ないぶりようしゃ
internally generated goodwill	自己創設のれん じこそうせつのれん
International Accounting Standards (IAS)	国際会計基準 こくさいかいけいきじゅん
International Accounting Standards Board (IASB)	国際会計基準審議会 こくさいかいけいきじゅんしんぎかい
International Accounting Standards Committee (IASC)	国際会計基準委員会 こくさいかいけいきじゅんいいんかい
International Auditing and Assurance Standards Board (IAASB)	国際監査保証基準審議会 こくさいかんさほしょうきじゅんしんぎかい
International Federation of Accountants (IFAC)	国際会計士連盟 こくさいかいけいしれんめい
International Financial Reporting Interpretations Committee (IFRIC)	国際財務報告解釈委員会 こくさいざいむほうこくかいしゃくいいんかい
International Financial Reporting Standards (IFRS)	国際財務報告基準 こくさいざいむほうこくきじゅん
International Organization of Securities Commissions (IOSCO)	証券監督者国際機構 しょうけんかんとくしゃこくさいきこう
International Standards on Auditing (ISA)	国際監査基準 こくさいかんさきじゅん
international trading company	貿易商社 ぼうえきしょうしゃ

중개판매 junggaepanmae	渠道销售 qúdàoxiāoshòu
내부감사 naebugamsa	内部审计 nèibùshěnjì
내부통제 naebutongje	内部控制 nèibùkòngzhì
내부통제제도 naebutongjejedo	内部控制制度 nèibùkòngzhìzhìdù
내부관리 naebugwalri	内部管理 nèibùguǎnlǐ
내부수익률 naebusuingnyul	内部收益率 nèibùshōuyìlǜ
국세청 gukssechong	美国联邦税务局 měiguóliánbāngshuìwùjú
내부위험이전 naebuwihomnijon	内部风险转移 nèibùfēngxiǎnzhuǎnyí
내부거래 naebugorae	内部交易 nèibùjiāoyì
내부이용자 naebuiyongja	内部使用者 nèibùshǐyòngzhě
내부창출영업권 naebuchangchulryongopkkwon	自创商誉 zìchuàngshāngyù
국제회계기준 gukjjehwegyegijun	国际会计准则 guójìkuàijìzhǔnzé
국제회계기준위원회 gukjjehwegyegijunwiwonhwe	国际会计准则理事会 guójìkuàijìzhǔnzélǐshìhuì
국제회계기준위원회 gukjjehwegyegijunwiwonhwe	国际会计准则委员会 guójìkuàijìzhǔnzéwěiyuánhuì
국제감사및보증표준위원회 gukjjegamsamitppojeungpyojunwiwonhwe	国际审计与鉴证准则理事会 guójìshěnjìyǔjiànzhèngzhǔnzélǐshìhuì
국제회계사연맹 gukjjehwegyesayonmaeng	国际会计师联合会 guójìkuàijìshīliánhéhuì
국제재무보고기준해석위원회 gukjjejaemubogogijunhaesogwiwonhwe	国际财务报告解释委员会 guójìcáiwùbàogàojiěshìwěiyuánhuì
국제재무보고기준 gukjjejaemubogogijun	国际财务报告准则 guójìcáiwùbàogàozhǔnzé
국제증권감독자기구 gukjjejeungkkwongamdokjjagigu	证券委员会国际组织 / 国际证监会组织 zhèngquànwěiyuánhuìguójìzǔzhī/guójìzhèngjiānhuìzǔzhī
국제감사기준 gukjjegamsagijun	国际审计准则 guójìshěnjìzhǔnzé
무역상사 muyokssangsa	国际贸易公司 guójìmàoyìgōngsī

internet	インターネット いんたーねっと
interperiod allocation of corporate income tax	法人税の期間配分 ほうじんぜいのきかんはいぶん
intersegment eliminations	セグメント間消去 せぐめんとかんしょうきょ
intraday credit facility	一日貸付制度 いちにちかしつけせいど
intragroup transaction	グループ内取引 ぐるーぷないとりひき
intrinsic interest rate	内在利子率 ないざいりしりつ
intrinsic value	内在価値 / 本源的価値 ないざいかち / ほんげんてきかち
inventory	棚卸資産 たなおろししさん
inventory merchandize	在庫商品 ざいこしょうひん
inventory ratio	棚卸資産保有比率 たなおろししさんほゆうひりつ
inventory turnover	棚卸資産回転率 たなおろししさんかいてんりつ
inventory write-downs	棚卸資産の評価減 たなおろししさんのひょうかげん
inverse floating interest rate	逆変動金利 ぎゃくへんどうきんり
investment	投資 とうし
investment activities cash flow	投資活動キャッシュ・フロー とうしかつどうきゃっしゅふろー
investment activity	投資活動 とうしかつどう
investment funds	投資ファンド とうしふぁんど
investment grade	投資適格 とうしてきかく
investment holding period	投資保有期間 とうしほゆうきかん
investment opportunities	投資機会 とうしきかい
investment performance	投資実績 とうしじっせき

인터넷 intonet	因特网 yīntèwǎng
법인세기간배분 bobinssegiganbaebun	企业所得税跨期摊配 qǐyèsuǒdéshuìkuàqītānpèi
부문간 제거 bumungan jego	分部间冲销 fēnbùjiānchōngxiāo
일중당좌대출제도 iljungdangjwadaechuljedo	日间信贷政策 rìjiānxìndàizhèngcè
연결실체내 거래 yongyolsilchenae gorae	集团内交易 jítuánnèijiāoyi
내재이지율 naejaeijiyul	内在利率 nèizàilìlǜ
내재가치 / 본질적 가치 naejaegachi/bonjiljjok gachi	内在价值 nèizàijiàzhí
재고자산 jaegojasan	存货 cúnhuò
재고상품 jaegosangpum	库存商品 kùcúnshāngpǐn
재고자산보유비율 jaegojasanboyubiyul	存货率 cúnhuòlǜ
재고자산회전율 jaegojasanhwaejonnyul	存货周转率 cúnhuòzhōuzhuǎnlǜ
재고자산의 평가감 jaegojasane pyongkkagam	存货减值 / 存货减记 cúnhuòjiǎnzhí/cúnhuòjiǎnjì
역변동금리 yokppyondonggeumni	反向浮动利率 fǎnxiàngfúdònglìlǜ
투자 tuja	投资 tóuzī
투자활동현금흐름 tujahwalttonghyongeumheureum	投资活动现金流 tóuzīhuódòngxiànjīnliú
투자활동 tujahwalttong	投资活动 tóuzīhuódòng
투자펀드 tujapondeu	投资基金 tóuzījījīn
투자등급 tujadeunggeup	投资级别 tóuzījíbié
투자보유기간 tujaboyugigan	投资持有期 tóuzīchíyǒuqī
투자 기회 tuja gihwe	投资机会 tóuzījīhuì
투자성과 tujasongkkwa	投资业绩 tóuzīyèjì

investment portfolio	投資ポートフォリオ とうしぽーとふぉりお
investment property	投資不動産 とうしふどうさん
investment purpose	投資目的 とうしもくてき
investment tax credits	投資税額控除 とうしぜいがくこうじょ
investment trust company	投資信託会社 とうししんたくがいしゃ
investor	投資者 とうししゃ
invoice	インボイス / 送り状 いんぼいす / おくりじょう
involuntary liquidation	強制清算 きょうせいせいさん
irrelevant cost	無関連原価 むかんれんげんか
irrevocable commitments	取消不能契約 とりけしふのうけいやく
issuance of par value	額面発行 がくめんはっこう
issue at premium	打歩発行 うちぶはっこう
issue price	発行価額 はっこうかがく
issuing company	発行会社 はっこうがいしゃ
item basis	種目別基準 しゅもくべつきじゅん
items of other comprehensive income	その他の包括損益項目 そのたのほうかつそんえきこうもく

– J –

joint arrangements	共同支配の取決め きょうどうしはいのとりきめ
joint control	共同支配 きょうどうしはい
joint venture	合弁企業 / ジョイント・ベンチャー ごうべんきぎょう / じょいんとべんちゃー

투자자산구성 tujajasangusong	投资组合 tóuzīzǔhé
투자부동산 tujabudongsan	投资性房地产 tóuzīxìngfángdìchǎn
투자목적 tujamokjjok	投资目的 tóuzīmùdì
투자세액공제 tujaseaekkkongje	投资税收减免 tóuzīshuìshōujiǎnmiǎn
투자신탁회사 tujasintakwesa	投资信托公司 tóuzīxìntuōgōngsī
투자자 tujaja	投资者 tóuzīzhě
청구서 chongguso	发票 fāpiào
비자발적인 청산 bijabaljjogin chongsan	强制清算 qiángzhìqīngsuàn
비관련원가 bigwalryonwonkka	无关联成本 wúguānliánchéngběn
취소할 수 없는 약정 chwisohal ssu omneun yakjjong	不可撤销的承诺 bùkěchèxiāodechéngnuò
액면발행 aengmyonbalhaeng	票面价值发行 piàomiànjiàzhífāxíng
할증발행 haljjeungbalhaeng	溢价发行 yìjiàfāxíng
발행가액 balhaenggaaek	发行价格 fāxíngjiàgé
발행회사 balhaenghwesa	发行公司 fāxínggōngsī
종목별기준 jongmokppyolgijun	项目分类标准 xiàngmùfēnlèibiāozhǔn
기타포괄손익항목 gitapogwalsonikangmok	其他综合收益项目 qítāzōnghéshōuyìxiàngmù

J

공동약정 gongdongnyakjjong	合营安排 héyíngānpái
공동지배력 gongdongjibaeryok	联合控制 liánhékòngzhì
공동기업 gongdonggiop	合资企业 hézīqǐyè

jointly controlled entity	共同支配企業 きょうどうしはいきぎょう
journal	仕訳帳 しわけちょう
journalizing	仕分 / 仕訳記入 しわけ / しわけきにゅう
judgment criteria	判断基準 はんだんきじゅん
jurisdiction	法域 ほういき
just-in-time inventory method	ジャストインタイム生産方式 じゃすといんたいむせいさんほうしき

- K -

keiretsu	系列会社 けいれつがいしゃ
key audit matters (KAM)	監査上の主要な検討事項 かんさじょうのしゅようなけんとうじこう
key management personnel	経営幹部 けいえいかんぶ
key performance indicator (KPI)	主要業績指標 しゅようぎょうせきしひょう
K-IFRS	韓国採択国際会計基準 かんこくさいたくこくさいかいけいきじゅん
know-how	ノウハウ ※知的財産ほか付加価値を生む経験・知識 のうはう
Korea Accounting Standards	韓国会計基準 /K-GAAP かんこくかいけいきじゅん / けいがあぷ
Korea Accounting Standards Board	韓国会計基準院 かんこくかいけいきじゅんいん
Korea Exchange (KRX)	韓国取引所 かんこくとりひきじょ
Korea Taxpayers' Federation	韓国納税者連盟 かんこくのうぜいしゃれんめい
Korean Corporate Accounting Standards	韓国企業会計基準 かんこくきぎょうかいけいきじゅん
Korean version of Buffett Tax	韓国版バフェット税 かんこくばんばふぇっとぜい
KOSDAQ	コスダック こすだっく

공동지배기업 gongdongjibaegiop	联合控制的企业 liánhékòngzhìdeqǐyè
분개장 bungaejang	日记账 rìjìzhàng
분개 bungae	分录 / 记日记账 fēnlù/j rìjìzhàng
판단기준 pandangijun	判断标准 pànduànbiāozhǔn
관할지역 gwanhaljjiyok	司法权 / 管辖权 sīfǎquán/guǎnxiáquán
적시재고수급법 jokssijaegosugeupppop	准时制库存系统 zhǔnshízhìkùcúnxìtǒng

계열 (회) 사 gyeyolhwesa	企业联盟 qǐyèliánméng
핵심감사사항 haekssimgamsasahang	关键审计事项 guānjiàn shěnjì shìxiàng
주요 경영진 juyo gyongyongjin	关键管理人员 guānjiànguǎnlǐrényuán
핵심성과지표 haekssimssongkkwajipyo	关键绩效指标 guānjiàn jīxiào zhǐbiāo
한국채택국제회계기준 hangukchaetaekkkukjjehewgyegijun	韩国国际财务报告准则 hánguóguójìcáiwùbàogàozhǔnzé
노하우 nohau	专有技术 zhuānyǒujìshù
한국회계기준 hangukwegyegijun	韩国会计准则 hánguókuàijìzhǔnzé
한국회계기준원 hangukwegyegijunwon	韩国会计准则理事会 hánguó kuàijì zhǔnzé lǐshìhuì
한국거래소 hangukkkoraeso	韩国交易所 hánguójiāoyìsuǒ
한국납세자연맹 hangungnapssejayonmaeng	韩国纳税人联合会 hánguónàshuìrénliánhéhuì
한국 기업회계기준 hanguk giopwegyegijun	韩国企业会计准则 hánguóqǐyèkuàijizhǔnzé
한국판 버핏세 hangukpan bopitsse	韩版巴菲特税 hánbǎnbāfēitèshuì
코스닥 koseudak	韩国创业板市场 hánguóchuàngyèbǎnshìchǎng

- L -

labor costs	人件費 じんけんひ
labor expenses	労務費 ろうむひ
labor force	労働力 ろうどうりょく
labor unions	労働組合 ろうどうくみあい
land	土地 とち
last-in, first-out (LIFO) method	後入先出法 あといれさきだしほう
lawsuit	訴訟 そしょう
lead managing underwriter	主幹事 しゅかんじ
leading indicator	先行指数 せんこうしすう
learning curve	学習曲線 がくしゅうきょくせん
lease	リース りーす
lease debt	リース債務 りーすさいむ
lease incentives	リース・インセンティブ りーすいんせんてぃぶ
lease term	リース期間 りーすきかん
lease transaction	リース取引 りーすとりひき
leaseback	リースバック りーすばっく
leased assets	リース資産 りーすしさん
leasehold interest	借地権 しゃくちけん
ledger	元帳 もとちょう

인건비 inkkonbi	人工成本 réngōngchéngběn
노무원가 nomuwonkka	劳务费 láowùfèi
노동력 nodongnyok	劳动力 láodònglì
노동조합 nodongjohap	工会 gōnghuì
토지 toji	土地 tǔdì
후입선출법 huipssonchulppop	后进先出法 hòujìnxiānchūfǎ
소송 sosong	诉讼 sùsòng
주관사 jugwansa	主承销商 zhǔchéngxiāoshāng
선행지수 sonhaengjisu	主要指标 zhǔyàozhǐbiāo
학습곡선 haksseupkkoksson	学习曲线 xuéxíqūxiàn
리스 risseu	租赁 zūlìn
리스부채 risseubuchae	租赁负债 zūlìnfùzhài
리스 인센티브 risseu insentibeu	租赁优惠 zūlìnyōuhuì
리스기간 risseugigan	租期 zūqī
리스거래 risseugorae	租赁交易 zūlìnjiāoyì
판매후리스 panmaehurisseu	回租 huízū
리스자산 risseujasan	租赁资产 zūlìnzīchǎn
임차권 imchakkwon	租赁权益 zūlìnquányì
원장 wonjang	分类账 fēnlèizhàng

L

legal entity	法的実体 ほうてきじったい
legal obligation	法律上の義務 ほうりつじょうのぎむ
legal ownership	法的所有権 ほうてきしょゆうけん
legal rights	法律上の権利 ほうりつじょうのけんり
legal subsidiary	法律上の子会社 ほうりつじょうのこがいしゃ
lender	貸し手 / 資金提供者 かして / しきんていきょうしゃ
lending rate	貸付利率 かしつけりりつ
length of service	勤続年数 きんぞくねんすう
lessee	レッシー れっしー
lessee accounting	レッシーの会計 れっしーのかいけい
lessor	レッサー れっさー
lessor accounting	レッサーの会計 れっさーのかいけい
letters of credit	信用状 しんようじょう
leverage ratio	レバレッジ比率 ればれっじひりつ
levy	徴税 ちょうぜい
liabilities assumed	引受負債 ひきうけふさい
liabilities for compensated absences	有給休暇引当金 ゆうきゅうきゅうかひきあてきん
liabilities	負債 ふさい
liability adequacy test	負債十分性テスト ふさいじゅうぶんせいてすと
liability insurance	賠償責任保険 / 損害賠償保険 ばいしょうせきにんほけん / そんがいばいしょうほけん
license	使用権 / ライセンス しようけん / らいせんす

법적 실체 bopjjok silche	法人实体 fǎrénshítǐ
법률상 의무 bomnyulsang uimu	法定义务 fǎdìngyìwù
법적 소유권 bopjjok soyukkwon	法定所有权 fǎdìngsuǒyǒuquán
법률상 권리 bomnyulsang gwolri	法定权利 fǎdìngquánlì
법적 종속기업 bopjjok jongsokkkiop	法定子公司 fǎdìngzǐgōngsī
대여자 / 자금공급자 daeyoja/jageumgonggeupjja	放款人 / 出借方 fàngkuǎnrén/chūjièfāng
대출이자율 daechulrijayul	贷款利率 dàikuǎnlìlǜ
근속연수 geunsongnyonssu	服务年限 fúwùniánxiàn
임차인 imchain	承租人 chéngzūrén
리스이용자 회계처리 risseuiyongja hwegyechori	承租人会计 chéngzūrénkuàijì
임대인 imdaein	出租人 chūzūrén
리스제공자 회계처리 risseujegongja hwegyechori	出租人会计 chūzūrénkuàijì
신용장 sinyongjjang	信用证 xìnyòngzhèng
레버리지비율 reborijibiyul	杠杆比率 gànggǎnbǐlǜ
부담금 budamgeum	征税 zhēngshuì
인수한 부채 insuhan buchae	承担的负债 chéngdāndefùzhài
유급휴가충당금 yugeupyugachungdanggeum	带薪缺勤负债 dàixīnquēqínfùzhài
부채 buchae	负债 fùzhài
부채적정성평가 buchaejokjongssongpyongkka	偿付能力充足率测试 chángfùnénglìchōngzúlǜcèshì
책임 보험 chaegim bohom	责任保险 zérènbǎoxiǎn
사용권 sayongkkwon	许可证 xǔkězhèng

license agreement	ライセンス契約 らいせんすけいやく
life expectancy	平均余命 へいきんよめい
life insurance	生命保険 せいめいほけん
limited amount of reversal	戻入限度額 もどしいれげんどがく
limited liability	有限責任 ゆうげんせきにん
limited liability company (LLC)	合同会社 (LLC) ごうどうがいしゃ
limited life entities	存続期間有限企業 そんぞくきかんゆうげんきぎょう
limited partnership company	合資会社 ごうしがいしゃ
limited useful life	有限耐用年数 ゆうげんたいようねんすう
liquid assets	当座資産 / 流動資産 とうざしさん / りゅうどうしさん
liquidating dividends	清算配当金 せいさんはいとうきん
liquidation	清算 / 流動化 せいさん / りゅうどうか
liquidity	流動性 りゅうどうせい
liquidity ratio	流動性比率 りゅうどうせいひりつ
liquidity risk	流動性リスク りゅうどうせいりすく
liquor tax	酒税 しゅぜい
listed company	上場会社 / 上場企業 じょうじょうがいしゃ / じょうじょうきぎょう
listing	上場 じょうじょう
listing rules	上場規程 / 上場規則 じょうじょうきてい / じょうじょうきそく
litigation risk	訴訟リスク そしょうりすく
litigation settlement	訴訟和解金 そしょうわかいきん

라이선스계약 raissonsseugyeyak	许可证协议 xǔkězhèngxiéyì
기대 수명 gidae sumyong	平均预期寿命 píngjūnyùqīshòumìng
생명보험 saengmyongbohom	人寿保险 rénshòubǎoxiǎn
환입한도액 hwannipandoaek	转回限额 zhuǎnhuíxiàné
유한책임 yuhanchaegim	有限责任 yǒuxiànzérèn
유한책임회사 yuhanchaegimhwesa	有限责任公司 yǒuxiànzérèngōngsī
잔존기간 유한기업 janjongigan yuhangiop	有限寿命主体 yǒuxiànshòumìngzhǔtǐ
합자회사 hapjjahwesa	有限合伙公司 yǒuxiànhéhuǒgōngsī
유한한 내용연수 yuhanhan naeyongnyonsu	有限使用寿命 yǒuxiànshǐyòngshòumìng
당좌자산 / 유동자산 dangjwajasan/yudongjasan	速动资产 / 流动资产 sùdòngzīchǎn/liúdòngzīchǎn
청산배당 chongsanbaedang	清算股息 qīngsuàngǔxī
청산 / 유동화 chongsan/yudonghwa	清算 / 流动化 qīngsuàn/liúdònghuà
유동성 yudongssong	流动性 liúdòngxing
유동성비율 yudongssongbiyul	流动性比率 liúdòngxingbǐlǜ
유동성위험 yudongssongwihom	流动性风险 liúdòngxingfēngxiǎn
주세 juse	酒税 jiǔshuì
상장 회사 / 상장기업 sangjjang hwesa/sangjjanggiop	上市公司 shàngshìgōngsī
상장 sangjjang	上市 shàngshì
상장 규정 sangjjang gyujong	上市规则 shàngshìguīzé
소송 위험 sosong wihom	诉讼风险 sùsòngfēngxiǎn
소송합의금 sosonghabigeum	诉讼和解 / 诉讼和解金 sùsònghéjiě/sùsònghéjiějīn

L

loan	貸付 かしつけ
loans payable	借入金 かりいれきん
loans receivable	貸付金 かしつけきん
local tax	地方税 ちほうぜい
long service leave	長期勤務休暇 ちょうききんむきゅうか
long-service allowance	勤続手当 きんぞくてあて
long-term borrowing debt	長期借入負債 ちょうきかりいれふさい
long-term borrowings	長期借入金 ちょうきかりいれきん
long-term deferred payment condition	長期延払条件 ちょうきのべばらいじょうけん
long-term employee benefits	長期従業員給付 ちょうきじゅうぎょういんきゅうふ
long-term equity-type savings	長期株式型貯蓄 ちょうきかぶしきがたちょちく
long-term financial assets	長期金融資産 ちょうききんゆうしさん
long-term fixed interest securities	長期固定金利証券 ちょうきこていきんりしょうけん
long-term fund	長期資金 ちょうきしきん
long-term investment assets	長期投資資産 ちょうきとうししさん
long-term investment objective	長期投資目的 ちょうきとうしもくてき
long-term investment stocks	長期投資株式 ちょうきとうしかぶしき
long-term liabilities	長期負債 ちょうきふさい
long-term notes payable	長期支払手形 ちょうきしはらいてがた
long-term prepaid lease fee	長期前払リース料 ちょうきまえばらいりーすりょう
long-term solvency	長期支払能力 ちょうきしはらいのうりょく

대출 daechul	贷款 dàikuǎn
차입금 chaipkkeum	应付借款 yìngfujièkuǎn
대출금 daechulgeum	应收贷款 yīngshōudàikuǎn
지방세 jibangsse	地方税 dìfangshuì
장기근무휴가 janggigeunmuhyuga	长期服务假 chángqīfúwùjiǎ
근속수당 geunsokssudang	长期服务津贴 chángqífúwùjīntiē
장기차입부채 janggichaipppuchae	长期借款负债 chángqījièkuǎnfùzhài
장기차입금 janggichaipkkeum	长期借款 chángqījièkuǎn
장기연불조건 janggiyonbuljokkon	长期延期付款条件 chángqīyánqīfùkuǎntiáojiàn
장기종업원급어 janggijongobwongeubyo	长期职工福利 chángqīzhígōngfúlì
장기주식형저축 janggijusikyongjochuk	长期股票型储蓄 chángqīgǔpiàoxíngchǔxù
장기금융자산 janggigeumyungjasan	长期金融资产 chángqījīnróngzīchǎn
장기고정금리증권 janggigojonggeumnijeungkkwon	长期固定利息证券 chángqīgùdìnglìxizhèngquàn
장기자금 janggijageum	长期资金 chángqīzījīn
장기투자자산 janggitujajasan	长期投资资产 chángqītóuzīzīchǎn
장기투자목적 janggitujamokjjok	长期投资目标 chángqītóuzīmùbiāo
장기투자주식 janggitujajusik	长期投资股票 chángqītóuzīgǔpiào
장기부채 janggibuchae	长期负债 chángqīfùzhài
장기미지급어음 janggimijigeuboeum	长期应付票据 chángqīyingfupiàojù
장기선급리스료 janggisongeumnisseuryo	长期预付租金 chángqīyùfùzūjīn
장기적지급능력 janggijokjjigeumneungnyok	长期支付能力 chángqīzhīfùnénglì

L

long-term unearned lease payment	長期前受リース料 ちょうきまえうけりーすりょう
loss	差損 / 損失 さそん / そんしつ
loss allowance for expected credit losses	貸倒引当金 かしだおれひきあてきん
loss allowance provision	損失評価引当金 そんしつひょうかひきあてきん
loss event	損失事象 そんしつじしょう
loss on disposal of plant assets	固定資産除却損 こていしさんじょきゃくそん
loss on inventory shrinkage	棚卸減耗損 たなおろしげんもうそん
loss on valuation of inventories	商品評価損 しょうひんひょうかそん
loss per share	一株当たり損失 ひとかぶあたりそんしつ
loss sharing arrangement	損失分担契約 そんしつぶんたんけいやく
losses from capital reduction	減資差損 げんしさそん
lower-of-cost-or-market basis	低価基準 ていかきじゅん
lower-of-cost-or-market method	低価法 ていかほう
lower-of-cost-or-net-realizable value method	低価法 /LCNRV 法 ていかほう / えるしーえぬあーるぶいほう

- M -

machinery	機械 きかい
machinery and equipment	機械装置 きかいそうち
macro hedging	マクロヘッジ まくろへっじ
macro-economic environment	マクロ経済環境 まくろけいざいかんきょう
main business	本業 ほんぎょう

M

장기선수리스료 janggisonsurisseuryo	长期预收租金 chángqīyùshōuzūjīn
차손 / 손실 chason/sonsil	损失 sǔnshī
기대신용손실에 대한 손실충당금 gidaesinyongsonsire daehan sonsilchungdanggeum	预期信用损失准备 / 坏账准备 yùqíxìnyòngsǔnshīzhǔnbèi/huàizhàngzhǔnbèi
손실평가충당금 sonsilpyongkkachungdanggeum	损失准备金 sǔnshīzhǔnbèijīn
손상사건 sonsangsakkon	损失事项 sǔnshīshìxiàng
설비자산처분손실 solbijasanchobunsonsil	固定资产处置损失 gùdìngzīchǎnchǔzhìsǔnshī
재고자산 감모손실 jaegojasan gammosonsil	存货盘亏损失 / 存货损耗损失 cúnhuòpánkuīsǔnshī/cúnhuòsǔnhàosǔnshī
재고자산평가손실 jaegojasanpyongkkasonsil	存货跌价损失 cúnhuòdiējiàsǔnshī
주당손실 judangsonsil	每股亏损 měigǔkuīsǔn
당기손익분배약정 danggisonikppunbaeyakjjong	损失分担安排 sǔnshīfēndānānpái
감자차손 gamjachason	减资损失 jiǎnzīsǔnshī
저가기준 jokkagijun	成本与市价孰低法则 chéngběnyǔshìjiàshúdīfǎzé
저가법 jokkappop	成本与市价孰低法 chéngběnyǔshìjiàshúdīfǎ
원가 또는 순실현가치 중 저가법 wonkka ttoneun sunsilhyongachi jung jokkappop	成本与可变现净值孰低法 chéngběnyǔkěbiànxiànjìngzhíshúdīfǎ

기계 gigye	机械 jīxiè
기계장치 gigyejangchi	机器和设备 jīqihéshèbèi
매크로 위험회피회계 maekeuro wihomhwepihwegye	宏观对冲 hóngguānduìchōng
거시경제환경 gosigyongjehwangyong	宏观经济环境 hóngguānjīngjìhuánjìng
본업 / 주요사업 bonop/juyosaop	主营业务 zhǔyíngyèwù

maintenance	補修管理 ほしゅうかんり
maintenance and repairs expense	修繕費 しゅうぜんひ
management	経営者 けいえいしゃ
management accounting	管理会計 かんりかいけい
management activities	経営活動 けいえいかつどう
management commentary	経営者の解説 けいえいしゃのかいせつ
management company	管理会社 かんりがいしゃ
management consulting	経営コンサルティング けいえいこんさるてぃんぐ
management intentions	経営者の意図 けいえいしゃのいと
management participation right	経営参加権 けいえいさんかけん
management's discussion and analysis (MD&A)	経営者による検討及び分析 けいえいしゃによるけんとうおよびぶんせき
manager for corporate planning	経営企画担当マネジャー けいえいきかくたんとうまねじゃー
managerial decision making	経営意思決定 けいえいいしけってい
manufacturing	製造 せいぞう
manufacturing companies	製造会社 せいぞうがいしゃ
manufacturing costs	製造原価 せいぞうげんか
manufacturing environment	製造環境 せいぞうかんきょう
manufacturing industry	製造業 せいぞうぎょう
manufacturing output	生産量 せいさんりょう
manufacturing overhead	製造間接費 せいぞうかんせつひ
manufacturing process	製造工程 せいぞうこうてい

보수관리 bosugwalri	维护 wéihù
수선비용 susonbiyong	维修费 wéixiūfèi
경영자 gyongyongja	管理层 guǎnlǐcéng
관리회계 gwalrihwegye	管理会计 guǎnlǐkuàijì
경영활동 gyongyonghwalttong	管理活动 guǎnlǐhuódòng
경영진설명서 gyongyongjinsolmyongso	管理层评论 guǎnlǐcéngpínglùn
운용회사 unyonghwesa	管理公司 guǎnlǐgōngsī
경영컨설팅 gyongyongkonsolting	管理咨询 guǎnlǐzīxún
경영진 의도 gyongyongjin uido	管理层意图 guǎnlǐcéngyìtú
경영참가권 gyongyongchamgakkwon	管理参与权 guǎnlǐcānyùquán
경영진의 진단 및 분석 gyongyongjine jindan mit bunsok	管理层讨论与分析 guǎnlǐcéngtǎolùnyǔfēnxī
경영기획담당자 gyongyonggihwekttamdangja	经营策划经理 jīngyíngcèhuàjīnglǐ
경영의사결정 gyongyonguisagyoljjong	管理决策 guǎnlǐjuécè
제조 jejo	制造 zhìzào
제조기업 jejogiop	制造公司 zhìzàogōngsī
제조원가 jejowonkka	制造成本 zhìzàochéngběn
제조환경 jejohwangyong	制造环境 zhìzàohuánjìng
제조업 jejoop	制造业 zhìzàoyè
생산량 saengsannyang	产量 chǎnliàng
제조간접비 jejoganjopppi	制造费用 zhìzàofèiyòng
제조공정 jejogongjong	制造过程 zhìzàoguòchéng

marginal life	限界寿命 げんかいじゅみょう
market	市場 しじょう
market approach	マーケット・アプローチ まーけっとあぷろーち
market capitalization	時価総額 じかそうがく
market condition	市況 しきょう
market failure	市場の失敗 しじょうのしっぱい
market interest	市場金利 しじょうきんり
market interest rate	市場利子率 しじょうりしりつ
market participants	市場参加者 しじょうさんかしゃ
market price	市場価格 しじょうかかく
market rental rates	賃料相場 ちんりょうそうば
market risk	マーケット・リスク まーけっとりすく
market value	市場価値 しじょうかち
market value method	時価法 じかほう
master netting arrangement	マスター・ネッティング契約 ますたーねってぃんぐけいやく
master-feeder structure	マスター・フィーダー構造 ますたーふぃーだーこうぞう
matching principle	対応原則 / 収益費用対応の原則 たいおうげんそく / しゅうえきひようたいおうのげんそく
material	材料 ざいりょう
material costs	材料原価 ざいりょうげんか
material errors	重大な誤謬 じゅうだいなごびゅう
material expenses	材料費 ざいりょうひ

한계수명 hangyesumyong	边际寿命 biānjìshòumìng
시장 sijang	市场 shìchǎng
시장접근법 sijangjopkkeunbop	市场法 shìchǎngfǎ
시가총액 sikkachongaek	股票市价总值 gǔpiàoshìjiàzǒngzhí
시장조건 sijangjokkon	市场状况 shìchǎngzhuàngkuàng
시장실패 sijangsilpae	市场失灵 shìchǎngshīlíng
시장금리 sijanggeumni	市场利率 shìchǎnglìlǜ
시장이자율 sijangnijayul	市场利率 shìchǎnglìlǜ
시장참여자 sijangchamyoja	市场参与者 shìchǎngcānyùzhě
시장가격 sijangkkagyok	市场价格 shìchǎngjiàgé
시장 대여율 sijang daeyoyul	市场出租率／租金行情 shìchǎngchūzūlǜ/zūjīnhángqíng
시장위험 sijangwihom	市场风险 shìchǎngfēngxiǎn
시장가치 sijanggachi	市场价值 shìchǎngjiàzhí
시가법 sigappop	市场价值法 shìchǎngjiàzhífǎ
일괄상계약정 ilgwalsanggyeyakjjong	净额结算制度 jìngéjiésuànzhìdù
운용 - 공급 구조 unyonggonggeup gujo	主联结构基金 zhǔliánjiégòujījīn
대응 원칙／수익비용 대응의 원칙 daeeung wonchik/suikppiyong daeeunge wonchik	配比原则／收入与费用的配比原则 pèibǐyuánzé/shōurùyǔfèiyòngdepèibǐyuánzé
재료 jaeryo	材料 cáiliào
재료원가 jaeryowonkka	材料成本 cáiliàochéngběn
중요한 오류 jungyohan oryu	重大错误 zhòngdàcuòwù
재료비 jaeryobi	材料费 cáiliàofèi

material flow cost accounting (MFCA)	マテリアルフローコスト会計 まてりあるふろーこすとかいけい
material omissions	重大な脱漏 じゅうだいなだつろう
material profit or loss items	重要な損益項目 じゅうようなそんえきこうもく
materiality	重要性 じゅうようせい
matrix form of organisation	マトリックス組織 まとりっくすそしき
maturity	満期 まんき
maturity analysis	満期分析 まんきぶんせき
maturity bonds coupon	満期到来公社債利札 まんきとうらいこうしゃさいりふだ
maturity date	満期日 まんきび
maturity redemption	満期償還 まんきしょうかん
maturity value	満期価値 / 償還価額 まんきかち / しょうかんかがく
maximization	最大化 さいだいか
maximization of profit	利益最大化 りえきさいだいか
means of exchange	交換手段 こうかんしゅだん
measurement	測定 そくてい
measurement bases	測定基準 そくていきじゅん
measurement method	測定方法 そくていほうほう
measurement of revenues	収益の測定 しゅうえきのそくてい
measurement principle	測定原則 そくていげんそく
medical expenses	医療費 いりょうひ
medical expenses deduction	医療費控除 いりょうひこうじょ

머티리얼 플로우 비용 회계 motiriol peulrou biyong hwegye	物质流成本会计 wùzhíliú chéngběn kuàijì
중요한 누락 jungyohan nurak	重大遗漏 zhòngdàyílòu
중요한 손익항목 jungyohan sonikangmok	重要损益项目 zhòngyàosǔnyìxiàngmù
중요성 jungyossong	重要性 zhòngyàoxìng
행렬형태의 조직 haengnyolhyongtaee jojik	矩阵型组织 jǔzhènxíngzǔzhī
만기 mangi	到期 dàoqī
만기분석 mangibunsok	到期分析 dàoqīfēnxī
지급기일이 (만기가) 도래한 공사채 이자표 jigeupkkiiri mangiga doraehan gongsachae ijapyo	到期债券息票 dàoqīzhàiquànxīpiào
만기일 mangiil	到期日 dàoqīrì
만기상환 mangisanghwan	到期赎回 dàoqīshúhuí
만기환급금 mangihwangeupkkeum	到期价值 dàoqījiàzhí
최대화 chwedaehwa	最大化 zuìdàhuà
이익최대화 iikchwedaehwa	利润最大化 lìrùnzuìdàhuà
교환수단 gyohwansudan	交换手段 jiāohuànshǒuduàn
측정 cheukjjong	计量 jìliàng
측정기준 cheukjjonggijun	计量基础 jìliàngjīchǔ
측정방법 cheukjjongbangbop	计量方法 jìliàngfāngfǎ
수익의 측정 suige cheukjjong	收入的计量 shōurùdejìliàng
측정원칙 cheukjjongwonchik	计量原则 jìliàngyuánzé
의료비 uiryobi	医疗费用 yīliáofèiyòng
의료비공제 uiryobigongje	医疗费用扣除 yīliáofèiyòngkòuchú

medical income	医療収入
	いりょうしゅうにゅう
memorandum for record	備忘記録
	びぼうきろく
mercantile company	商社
	しょうしゃ
merchandise	商品
	しょうひん
merchandise inventory	商品棚卸
	しょうひんたなおろし
merchandise price	商品価格
	しょうひんかかく
merchandising business	商企業
	しょうきぎょう
merchant	商人
	しょうにん
merger	合併
	がっぺい
merger and acquisition (M&A)	買収合併
	ばいしゅうがっぺい
metal tools	金属工具
	きんぞくこうぐ
middle management	中間管理者
	ちゅうかんかんりしょく
mine	鉱山
	こうざん
mine waste materials	鉱山廃棄物
	こうざんはいきぶつ
minimum lease payments	最低リース料総額
	さいていりーすりょうそうがく
mining industry	鉱業
	こうぎょう
miscellaneous expenses	雑費
	ざっぴ
misstatement	虚偽表示
	きょぎひょうじ
mixed attribute approach	混合属性アプローチ
	こんごうぞくせいあぷろーち
monetary amount	貨幣金額
	かへいきんがく
monetary assets	貨幣性資産
	かへいせいしさん

의료수입 uiryosuip	医疗收入 yīliáoshōurù
비망기록 bimanggirok	备忘录 bèiwànglù
상사 sangsa	商业公司 shāngyègōngsī
상품 sangpum	商品 shāngpǐn
상품재고 sangpumjaego	商品库存 shāngpǐnkùcún
상품가격 sangpumgagyok	商品价格 shāngpǐnjiàgé
상품매매기업 sangpummaemaegiop	商业企业 shāngyèqǐyè
상인 sangin	商人 shāngrén
합병 happpyong	合并 hébìng
인수합병 insuhapppyong	兼并收购 jiānbìngshōugòu
금속공구 geumsokkkonggu	金属工具 jīnshǔgōngjù
중간관리자 junggangwalrija	中层管理人员 zhōngcéngguǎnlǐrényuán
광산 gwangsan	矿山 kuàngshān
광산폐석 gwangsanpyesok	矿山废料 kuàngshānfèiliào
최소리스료 chwesorisseuryo	最低租赁付款额 zuìdīzūlìnfùkuǎné
광업 gwangop	采矿行业 cǎikuànghángyè
잡비 japppi	杂费 záfèi
허위표시 howipyosi	错报 cuòbào
혼합속성접근법 honhapssokssongjopkkeunbop	混合属性法 hùnhéshǔxìngfǎ
화폐금액 hwapegeumaek	货币金额 huòbìjīné
화폐성자산 hwapyesongjasan	货币性资产 huòbìxìngzīchǎn

monetary liabilities	貨幣性負債 かへいせいふさい
monetary value	貨幣価値 かへいかち
money	貨幣 / お金 / 金銭 かへい / おかね / きんせん
money market fund (MMF)	マネー・マーケット・ファンド / 短期金融資産投資信託 まねーまーけっとふぁんど / たんききんゆうしさんとうししんたく
Monte Carlo simulation model	モンテカルロ・シミュレーション・モデル もんてかるろしみゅれーしょんもでる
moral hazard	モラル・ハザード もらるはざーど
mortality risk	死亡リスク しぼうりすく
mortgage bond	担保付社債 たんぽつきしゃさい
mortgage loans	担保付融資 たんぽつきゆうし
mortgage notes payable	担保付支払手形 たんぽつきしはらいてがた
mortgage	担保 たんぽ
most advantageous market	最も有利な市場 もっともゆうりなしじょう
moving average method	移動平均法 いどうへいきんほう
multi-employer benefit plans	複数事業主制度 ふくすうじぎょうぬしせいど
multiple-element arrangements	複数要素契約 ふくすうようそけいやく
mutual control	相互牽制 そうごけんせい
mutual cooperative entity	協同組合 きょうどうくみあい
mutual entity	相互会社 そうごがいしゃ
mutual fund	ミューチュアル・ファンド / 投資信託 みゅーちゅあるふぁんど / とうししんたく
mutual insurance company	相互保険会社 そうごほけんがいしゃ

화폐성부채 hwapyesongbuchae	货币性负债 huòbìxìngfùzhài
화폐가치 hwapyegachi	货币价值 huòbìjiàzhí
화폐 / 돈 hwape/don	货币 / 钱 huòbì/qián
머니마켓펀드 / 단기금융자산투자신탁 monimaketpondeu/ dangigeumyungjasantujasintak	货币市场基金 huòbìshìchǎngjījīn
몬테칼로시뮬레이션모델 montekalrosimyulreisyonmodel	蒙特卡罗模拟模型 měngtèkǎluómónǐmóxíng
도덕적 해이 dodokjjok haei	道德风险 dàodéfēngxiǎn
사망위험 samangwihom	死亡风险 sǐwángfēngxiǎn
담보부사채 dambobusachae	抵押债券 dǐyāzhàiquàn
담보부대출 dambobudaechul	按揭贷款 ànjiēdàikuǎn
담보부미지급어음 dambobumijigeuboeum	应付抵押票据 yìngfùdǐyāpiàojù
담보 dambo	担保 / 抵押 dānbǎo/dǐyā
가장 유리한 시장 gajang yurihan sijang	最有利市场 zuìyǒulìshìchǎng
이동평균법 idongpyonggyunppop	移动平均法 yídòngpíngjūnfǎ
복수사용자제도 bokssusayongjajedo	多雇主福利计划 duōgùzhǔfúlìjìhuà
복수요소에 의한 수인인식계약 bokssuyosoe uihan suinninsikkkyeyak	多重要素安排 duōchóngyàosùānpái
상호견제 sanghogyonje	共同控制 gòngtóngkòngzhì
상호조합기업 sanghojohapkkiop	互助合作实体 hùzhùhézuòshítǐ
상호실체 sanghosilche	互助公司 hùzhùgōngsī
뮤추얼펀드 / 투자신탁 myuchuolpondeu/tujasintak	共同基金 gòngtóngjījīn
상호 보험 회사 sangho bohom hwesa	互助保险公司 hùzhùbǎoxiǎngōngsī

- N -

name of affiliated company	系列会社名 けいれつがいしゃめい
national tax	国税 こくぜい
national tax administration agency	国税庁 こくぜいちょう
natural resource assets	減耗性資産 げんもうせいしさん
natural resources	天然資源 てんねんしげん
necessary expenses	必要経費 ひつようけいひ
negative goodwill	負ののれん ふののれん
negative pledge	担保提供制限条項 たんぽていきょうせいげんじょうこう
net amount method	純額法 じゅんがくほう
net assets	純資産 じゅんしさん
net assets per share	一株当たり純資産 ひとかぶあたりじゅんしさん
net assets value	純資産価額 じゅんしさんかがく
net basis	純額主義 じゅんがくしゅぎ
net cash inflow	ネット・キャッシュ・インフロー ねっときゃっしゅいんふろー
net cash outflow	ネット・キャッシュ・アウトフロー ねっときゃっしゅあうとふろー
net cash-settled option	差金決済オプション さきんけっさいおぷしょん
net earnings per share	一株当たり純利益 ひとかぶあたりじゅんりえき
net income before corporate tax	法人税引前当期純利益 ほうじんぜいびきまえとうきじゅんりえき
net income before corporate tax and interest expenses	法人税及び利息費用控除前純利益 ※ EBIT のこと ほうじんぜいおよびりそくひようこうじょまえじゅんりえき

계열 (회) 사명 gyeyolhwesamyong	联营企业名称 liányíngqǐyèmíngchēng
국세 guksse	国税 guóshuì
국세청 gukssechong	国家税务管理机构 guójiāshuiwùguǎnlǐjīgòu
고갈성자산 gogalssongjasan	自然资源资产 zìránzīyuánzīchǎn
천연자원 chonyonjawon	自然资源 zìránzīyuán
필요경비 piryogyongbi	必需费用 bìxūfèiyòng
부의 영업권 bue yongopkkwon	负商誉 fùshāngyù
담보제공 금지조항 dambojegong geumjijohang	消极担保条款 / 负抵押条款 xiāojídānbǎotiáokuǎn/fùdǐyātiáokuǎn
순액법 sunaekppop	净额法 jìngéfǎ
순자산 sunjasan	净资产 jìngzīchǎn
주당순자산 judangsunjasan	每股净资产 měigǔjìngzīchǎn
순자산가액 sunjasangaaek	资产净值 zīchǎnjìngzhí
순액기준 sunaek gijun	以净额为基础 yǐjìngéwèijīchū
순현금유입 sunhyongeumnyuip	净现金流入 jìngxiànjīnliúrù
순현금유출 sunhyongeumnyuchul	净现金流出 jìngxiànjīnliúchū
현금차액결제 옵션 hyongeumchaaekkkyoljje opssyon	净现金结算期权 jìngxiànjīnjiésuànqīquán
주당순이익 judangsuniik	每股净收益 měigǔjìngshōuyì
법인세차감전순손익 bobinssechagamjonsunsonik	税前净利润 shuìqiánjìnglìrùn
법인세비용과 이자비용차감전순이익 bobinssebiyonggwa ijabiyongchagamjonsuniik	息税前利润 / 息税前净利润 xīshuìqiánlìrùn/xīshuìqiánjìnglìrùn

net investment hedge	純投資ヘッジ じゅんとうしへっじ
net loss	純損失 じゅんそんしつ
net profit	純利益 じゅんりえき
net profit and loss	純損益 じゅんそんえき
net profit margin	売上高純利益率 うりあげだかじゅんりえきりつ
net property	純財産 じゅんざいさん
net realizable value	正味実現可能価額 しょうみじつげんかのうかがく
net sales	純売上高 じゅんうりあげだか
net sales value	正味売却価額 しょうみばいきゃくかがく
net selling price	正味販売価格 しょうみはんばいかかく
net settlement	差金決済 さきんけっさい
netted presentation	相殺表示 そうさいひょうじ
netting settlement	差額決済 / ネッティング決済 さがくけっさい / ねってぃんぐけっさい
neutrality	中立性 ちゅうりつせい
new business	新規事業 しんきじぎょう
new investment	新規投資 しんきとうし
nominal account	名目勘定 めいもくかんじょう
nominal interest rate	名目金利 めいもくきんり
nomination committee	指名委員会 しめいいいんかい
non interest bearing note	無利息手形 むりそくてがた
non-bank financial service firm	その他金融機関 そのたきんゆうきかん

순투자의 위험회피	净投资套期
suntujae wihomhwepi	jìngtóuzītàoqī

순손실	净亏损
sunsonsil	jìngkuīsǔn

순이익	净利润
suniik	jìnglìrùn

순손익	净损益
sunsonik	jìngsǔnyì

매출액순이익률	销售净利润率 / 净利润率
maechuraekssuniingnyul	xiāoshòujìnglìrùnlǜ/jìnglìrùnlǜ

순재산	净财产
sunjaesan	jìngcáichǎn

순실현가능가치	可实现净值
sunsilhyonganeunggachi	kěshíxiànjìngzhí

순매출	净销售额
sunmaechul	jìngxiāoshòué

순판매가치	销售净值
sunpanmaegachi	xiāoshòujìngzhí

순매각가격	净销售价格
sunmaegakkkagyok	jìngxiāoshòujiàgé

차액결제	净结算
chaaekkkyoljje	jìngjiésuàn

상계표시	抵消列报
sanggyepyosi	dǐxiāolièbào

상계처리	净额结算
sanggyechori	jìngéjiésuàn

중립성	中立性
jungnipssong	zhōnglìxìng

신규사업	新业务
singyusaop	xīnyèwù

신규 투자	新的投资
singyu tuja	xīndetóuzī

명목상의 계정	名义账户
myongmokssange gyejong	míngyìzhànghù

액면이자율	名义利率
aengmyonnijayul	míngyìlìlǜ

공천위원회	提名委员会
gongchonwiwonhwe	tímíngwěiyuánhuì

무이자부어음	无息票据
muijabuoeum	wúxīpiàojù

비은행금융서비스회사	非银行金融机构
bieunhaenggeumyungssobisseuhwesa	fēiyínhángjīnróngjīgòu

non-cancellable lease	解約不能リース かいやくふのうりーす
non-cancellable operating leases	解約不能オペレーティング・リース かいやくふのうおぺれーてぃんぐりーす
non-cash assets	非現金資産 ひげんきんしさん
non-cash collateral	非貨幣性担保 ひかへいせいたんぽ
non-cash transactions	非資金取引 ひしきんとりひき
non-controlling interest	非支配株主持分 ひしはいかぶぬしもちぶん
non-cumulative paid leave	非累積有給休暇 ひるいせきゆうきゅうきゅうか
non-cumulative preferred stock	非累積的優先株 ひるいせきてきゆうせんかぶ
non-current assets	非流動資産 ひりゅうどうしさん
non-current assets classified as held for sale	売却目的分類非流動資産 ばいきゃくもくてきぶんるいひりゅうどうしさん
non-current assets pledged	担保差入非流動資産 たんぽさしいれひりゅうどうしさん
non-current liabilities	非流動負債 ひりゅうどうふさい
non-depreciable assets	非減価償却資産 ひげんかしょうきゃくしさん
non-financial assets	非金融資産 ひきんゆうしさん
non-financial liabilities	非金融負債 ひきんゆうふさい
non-investment grade	投資不適格 とうしふてきかく
non-marketable securities	市場価格のない株式等 しじょうかかくのないかぶしきとう
non-monetary assets	非貨幣性資産 ひかへいせいしさん
non-monetary government grants	非貨幣性政府補助金 ひかへいせいせいふほじょきん
non-monetary liabilities	非貨幣性負債 ひかへいせいふさい
non-operating activities	営業外活動 えいぎょうがいかつどう

해지불능리스 haejibulreungnisseu	不可撤销的租赁 bùkěchèxiāodezūlìn
해지불능운용리스 haejibulreungunyongnisseu	不可撤销经营租赁 bùkěchèxiāojīngyíngzūlìn
비현금자산 bihyongeumjasan	非现金资产 fēixiànjīnzīchǎn
비현금담보물 bihyongeumdambomul	非现金抵押品 fēixiànjīndǐyāpǐn
비현금거래 bihyongeumgorae	非现金交易 fēixiànjīnjiāoyì
비지배지분 bijibaejibun	少数股东权益 shǎoshùgǔdōngquányì
비누적유급휴가 usonju binujongnyugeupyuga	非累积带薪休假 fēilěijīdàixīnxiūjià
비누적적 우선주 binujokjjok	非累积优先股 fēilěijīyōuxiāngǔ
비유동자산 biyudongjasan	非流动资产 fēiliúdòngzīchǎn
매각예정비유동자산 maegangnyejongbiyudongjasan	持有待售的非流动资产 chíyǒudàishòudefēiliúdòngzīchǎn
담보차입 비유동자산 dambochaip biyudongjasan	质押非流动资产 zhìyāfēiliúdòngzīchǎn
비유동부채 biyudongbuchae	非流动负债 fēiliúdòngfùzhài
비상각자산 bisanggakjjasan	不可折旧资产 bùkězhéjiùzīchǎn
비금융자산 bigeumyungjasan	非金融资产 fēijīnróngzīchǎn
비금융부채 bigeumyungbuchae	非金融负债 fēijīnróngfùzhài
투자부적격 tujabujokkkyok	非投资级 fēitóuzījí
비시장성 유가증권 bisijangsong yukkajeungkkwon	非上市证券 fēishàngshìzhèngquàn
비화폐성 자산 bihwapyesong jasan	非货币性资产 fēihuòbìxìngzīchǎn
비화폐성 정부보조금 bihwapyesong jongbubojogeum	非货币性政府补助 fēihuòbìxìngzhèngfǔbǔzhù
비화폐성부채 bihwapyesongbuchae	非货币性负债 fēihuòbìxìngfùzhài
비영업활동 biyongopwalttong	非经营活动 fēijīngyínghuódòng

non-operating expenses	営業外費用
	えいぎょうがいひよう
non-operating revenues	営業外収益
	えいぎょうがいしゅうえき
non-participating preferred stock	非参加型優先株
	ひさんかがたゆうせんかぶ
non-performance risk	債務不履行リスク
	さいむふりこうりすく
non-public entities	非公開事業体
	ひこうかいじぎょうたい
non-recurring events	非経常的事象
	ひけいじょうてきじしょう
non-redeemable participating preference shares	償還不能参加型優先株式
	しょうかんふのうさんかがたゆうせんかぶしき
non-refundable purchase taxes	還付不能物品税
	かんぷふのうぶっぴんぜい
non-refundable upfront fees	返金不能の前払報酬
	へんきんふのうのまえばらいほうしゅう
non-trade payables	未払金
	みはらいきん
non-trade receivables	未収入金 / 未収金
	みしゅうにゅうきん / みしゅうきん
non-trading securities	売買目的外有価証券
	ばいばいもくてきがいゆうかしょうけん
no-par value shares	無額面株式
	むがくめんかぶしき
normal course of business	通常の営業過程
	つうじょうのえいぎょうかてい
normal operating cycle	正常営業循環期間
	せいじょうえいぎょうじゅんかんきかん
normal operating cycle basis	正常営業循環基準
	せいじょうえいぎょうじゅんかんきじゅん
normalization of management	経営正常化
	けいえいせいじょうか
note	手形 / 紙幣
	てがた / しへい
note amount	手形代金
	てがただいきん
note issuance	手形振出
	てがたふりだし

영업외비용 yongobwebiyong	营业外费用 yíngyèwàifèiyòng
영업외수익 yongobwesuik	营业外收入 yíngyèwàishōurù
비참가적 우선주 bichamgajok usonju	非参与优先股 fēicānyùyōuxiāngǔ
불이행위험 burihaengwihom	违约风险 wéiyuēfēngxiǎn
비공개기업 bigonggaegiop	非上市实体 fēishàngshishítǐ
비반복적 사건 bibanbokjjok sakkon	非经常性事件 fēijīngchángxìngshìjiàn
상환불가능 참가적우선주 sanghwanbulganeung chamgajogusonju	不可赎回参与优先股 bùkěshúhuícānyùyōuxiāngǔ
환급불가능한 취득관련 세금 hwangeupppulganeunghan chwideukkkwalryon segeum	不可退还的进项税 bùkětuihuándejìnxiàngshuì
환급불가능한 선수수수료 hwangeupppulganeunghan sonsususuryo	不可退回预付款 bùkětuihuíyùfùkuǎn
미지급금 mijigeupkkeum	其他应付款 qítāyìngfùkuǎn
미수금 misugeum	其他应收款 qítāyìngshōukuǎn
비상장증권 bisangjangjeungkkwon	非交易性证券 fēijiāoyìxìngzhèngquàn
무액면주식 muaengmyonjusik	无面值股票 wúmiànzhígǔpiào
정상적인 영업과정 jongsangjogin yongopkkwajong	正常营业过程 zhèngchángyíngyèguòchéng
정상영엽주기 jongsangyongyopjjugi	正常营业周期 zhèngchángyíngyèzhōuqī
정상영업순환주기기준 jongsangnyongopssunhwanjugigijun	正常营业周期基础 zhèngchángyíngyèzhōuqíjīchǔ
경영정상화 gyongyongjongsanghwa	管理规范化 guǎnlǐguīfànhuà
어음 / 지폐 oeum/jipye	票据 / 纸币 piàojù/zhǐbì
어음대금 oeumdaegeum	票据金额 piàojùjīné
어음교부 oeumgyobu	票据发行 piàojùfāxíng

notes	注記 ちゅうき
notes issued by others	他人振出小切手 たにんふりだしこぎって
notes payable	支払手形 しはらいてがた
notes receivable	受取手形 うけとりてがた
notes to financial statements	財務諸表注記 ざいむしょひょうちゅうき
notes to the consolidated financial statements	連結財務諸表に対する注記 れんけつざいむしょひょうにたいするちゅうき
not-for-profit organizations	非営利組織 ひえいりそしき
notice of dividend payment	配当金支払通知書 はいとうきんしはらいつうちしょ
notional principal amounts	想定元本 そうていがんぽん
novation	契約更改 けいやくこうかい
non-sufficient funds (NSF) check	残高不足小切手 ざんだかふそくこぎって
number of shares outstanding	発行済株式数 / 流通株式数 はっこうずみかぶしきすう / りゅうつうかぶしきすう

− O −

objective assessment	客観的評価 きゃっかんてきひょうか
objective evidence	客観的証拠 きゃっかんてきしょうこ
obligation	義務 ぎむ
obligations for removal and restoration	原状回復義務 げんじょうかいふくぎむ
observable markets	観察可能市場 かんさつかのうしじょう
obsolescence	陳腐化 ちんぷか
occurrence of revenues	収益の発生 しゅうえきのはっせい

주석 jusok	附注 fùzhù
타인발행수표 tainbalhaengsupyo	他人签发的票据 tārénqiānfādepiàojù
지급어음 jigeuboeum	应付票据 yìngfupiàojù
받을어음 badeuroeum	应收票据 yīngshōupiàojù
재무제표 주석 jaemujepyo jusok	财务报表附注 cáiwùbàobiǎofùzhù
연결재무제표에 대한 주석 yongyoljaemujepyoe daehan jusok	合并财务报表附注 hébìngcáiwùbàobiǎofùzhù
비영리조직 biyongnijojik	非营利组织 fēiyínglìzǔzhī
배당금 지급통지서 baedanggeum jigeuptongjiso	股利支付通知 / 派息公告 gǔlizhīfùtōngzhī/pàixīgōnggào
명목가액 myongmokkkaaek	名义本金额 míngyìběnjīné
계약갱신 gyeyakkkaengsin	合同变更 hétóngbiàngēng
잔액부족계좌의 수표 janaekppujokkkyejwae supyo	存款不足支票 cúnkuǎnbùzúzhīpiào
발행주식수 / 유통주식수 balhaengjusikssu/yutongjusikssu	流通在外的股票数量 / 流通股票数 liútōngzàiwàidegǔpiàoshùliàng/liútōnggǔpiàoshù

객관적평가 gaekkkwanjokpyongkka	客观评估 kèguānpínggū
객관적 증거 gaekkkwanjok jeunggo	客观凭证 kèguānpíngzhèng
의무 uimu	义务 yìwù
제거와 복구 의무 jegowa bokkku uimu	移除和复原义务 yíchúhéfùyuányìwù
관측 가능한 시장 gwancheuk ganeunghan sijang	可观察市场 kěguāncháshìchǎng
진부화 jinbuhwa	老化 lǎohuà
수익의 발생 suige balssaeng	收入的发生 shōurùdefāshēng

occurrence of transaction	取引の発生 とりひきのはっせい
occurrence risk	発生リスク はっせいりすく
off balance sheet vehicles	簿外特別目的会社 ぼがいとくべつもくてきがいしゃ
off-balance-sheet assets	簿外資産 ぼがいしさん
off-balance-sheet liabilities	簿外負債 ぼがいふさい
off-balance-sheet financing	簿外資金調達 ぼがいしきんちょうたつ
offer price	募集価格 ぼしゅうかかく
offering memorandum	募集要項 ぼしゅうようこう
office equipment	事務機器 じむきき
offsetting	相殺 そうさい
onerous contracts	不利な契約 / 有償契約 ふりなけいやく / ゆうしょうけいやく
open-end mortgage bond	開放式担保付社債 かいほうしきたんぽつきしゃさい
opening balance	期首残高 きしゅざんだか
operating activities	営業活動 えいぎょうかつどう
operating cash flow	営業活動キャッシュ・フロー えいぎょうかつどうきゃっしゅふろー
operating cycle	営業循環 えいぎょうじゅんかん
operating expenses	営業費用 えいぎょうひよう
operating lease	オペレーティング・リース おぺれーてぃんぐりーす
operating lease assets	オペレーティング・リース資産 おぺれーてぃんぐりーすしさん
operating profit	営業利益 えいぎょうりえき
operating profit and loss	営業損益 えいぎょうそんえき

거래발생 goraebalssaeng	交易的发生 jiāoyìdefāshēng
발생위험 balssaengwihom	发生风险 fāshēngfēngxiǎn
부외기구 buwegigu	表外工具 biǎowàigōngjù
부외자산 buwejasan	表外资产 biǎowàizīchǎn
부외부채 buwebuchae	表外负债 biǎowàifùzhài
부외금융 buwegeumyung	表外融资 biǎowàiróngzī
제안가격 jeangagyok	报价 bàojià
모집요강 mojimnyogang	发行备忘录 fāxíngbèiwànglù
사무기기 samugigi	办公设备 bàngōngshèbèi
상계 sanggye	抵消 dǐxiāo
손실부담계약 sonsilbudamgyeyak	有偿合同 yǒuchánghétong
개방식담보부사채 gaebangsikttambobusachae	开放式抵押债券 kāifàngshìdǐyāzhàiquàn
기초잔액 gichojanaek	期初余额 qīchūyúé
영업활동 yongopwalttong	经营活动 jīngyínghuódòng
영업활동 현금흐름 yongopwalttong hyongeumheureum	经营活动现金流 jīngyínghuódòngxiànjīnliú
영업순환주기 yongopssunhwanjugi	经营周期 jīngyíngzhōuqī
영업비용 yongopppiyong	营业费用 yíngyèfèiyòng
운용리스 unyongnisseu	经营租赁 jīngyíngzūlìn
운용리스자산 unyongnisseujasan	经营租赁资产 jīngyíngzūlìnzīchǎn
영업이익 yongomniik	经营利润 jīngyínglìrùn
영업손익 yongopssonik	经营利润和损失 jīngyínglìrùnhésǔnshī

operating results	経営成果 けいえいせいか
operating revenues	営業収益 えいぎょうしゅうえき
operating segment	事業セグメント じぎょうせぐめんと
operating surplus	営業黒字 えいぎょうくろじ
operational capacity	生産能力 / 操業度 せいさんのうりょく / そうぎょうど
opinion	意見 いけん
opportunity	機会 きかい
optical illusion effect	錯視効果 さくしこうか
option pricing model	オプション価格モデル おぷしょんかかくもでる
order	注文 ちゅうもん
orderly transaction	秩序ある取引 ちつじょあるとりひき
ordinary deposit	普通預金 ふつうよきん
ordinary expenses	経常費 / 経費 けいじょうひ / けいひ
ordinary profit	経常利益 けいじょうりえき
ordinary repair	定期修繕 ていきしゅうぜん
ordinary share capital	普通株資本 ふつうかぶしほん
ordinary shares	普通株式 ふつうかぶしき
ordinary tax	普通税 ふつうぜい
ore body	鉱体 こうたい
organization	組織 そしき
organization costs	組織化コスト そしきかこすと

경영성과 gyongyongssongkkwa	经营成果 jīngyíngchéngguǒ
영업수익 yongopssuik	营业收入 yíngyèshōurù
영업부문 yongopppumun	经营分部 jīngyíngfēnbù
영업흑자 yongopeukjja	营业盈余 yíngyèyíngyú
조업도 jooptto	营运能力 yíngyùn nénglì
의견 uigyon	意见 yìjiàn
기회 gihwe	机会 jīhuì
착시효과 chakssihyokkwa	视错觉效应 shìcuòjuéxiàoyìng
옵션가격결정모형 opssyongagyokkkyoljjongmohyong	期权定价模型 qīquándìngjiàmóxíng
주문 jumun	订单 dìngdān
정상거래 jongsanggorae	有序交易 yǒuxùjiāoyì
보통예금 botongnyegeum	普通存款 pǔtōngcúnkuǎn
경상비 gyongsangbi	日常费用 rìchángfèiyòng
경상이익 gyongsangniik	经常利润 jīngchánglìrùn
정상적 수선 jongsangjok suson	定期修缮 dìngqīxiūshàn
보통주 자본금 botongju jabongeum	普通股股本 pǔtōnggǔgǔběn
보통주 botongju	普通股 pǔtōnggǔ
보통세 botongse	普通税 pǔtōngshuì
광체 gwangche	矿体 kuàngtǐ
조직 jojik	组织 zǔzhī
조직원가 jojigwonga	组建成本 / 开办费 zǔjiànchéngběn/kāibànfèi

organizational chart	組織図 そしきず
original cost	当初原価 とうしょげんか
originator of the financial asset	金融資産の原資産保有者 きんゆうしさんのげんしさんほゆうしゃ
other comprehensive income	その他の包括利益 そのたのほうかつりえき
other comprehensive income for the period, net of tax	税引後当期その他の包括利益 ぜいびきごとうきそのたのほうかつりえき
other expenses	その他の費用 そのたのひよう
other income	その他の収益 そのたのしゅうえき
out of the money	アウト・オブ・ザ・マネー あうとおぶざまねー
output	アウトプット / 産出 あうとぷっと / さんしゅつ
output amount	生産高 せいさんだか
output methods	アウトプット法 あうとぷっとほう
outside directors	社外取締役 しゃがとりしまりやく
outsourcing arrangements	アウトソーシング契約 あうとそーしんぐけいやく
outstanding checks	未決済小切手 みけっさいこぎって
outstanding receivables	債権残高 さいけんざんだか
overheads	間接費 かんせつひ
overseas construction	海外工事 かいがいこうじ
overseas factory	海外工場 かいがいこうじょう
over-the-counter derivatives	店頭取引デリバティブ てんとうとりひきでりばてぃぶ
over-the-counter market	店頭取引市場 てんとうとりひきしじょう
overtime pay	時間外勤務手当 じかんがいきんむてあて

조직도 jojiktto	组织结构图 zǔzhījiégòutú
최초 원가 chwecho wonkka	初始成本 / 原置成本 chūshǐchéngběn/yuánzhìchéngběn
금융자산을 발생시킨 당사자 geumyungjasaneul balssaengsikin dangsaja	金融资产发起人 jīnróngzīchǎnfāqǐrén
기타포괄이익 gitapogwalriik	其他综合收益 qítāzōnghéshōuyì
법인세비용차감후기타포괄손익 bobinssebiyongchagamhugitapogwalsonik	期内税后其他综合收益 qīnèishuìhòuqítāzōnghéshōuyì
기타비용 gitabiyong	其他费用 qítāfèiyòng
기타수익 gitasuik	其他收入 qítāshōurù
외가격 wegagyok	沽亏价 / 价外 gūkuījià/jiàwài
산출 sanchul	产出 chǎnchū
생산량 saengsannyang	产量 chǎnliàng
산출법 anchulppop	产出法 chǎnchūfǎ
사외이사 saweisa	外部董事 wàibùdǒngshì
아웃소싱 (외주) 약정 autssosing (weju) yakjjong	外包安排 wàibāoānpái
미결제수표 migyoljjesupyo	未付支票 wèifùzhīpiào
채권잔액 chaekkwonjanaek	应收账款余额 yīngshōuzhàngkuǎnyúé
간접비 ganjopppi	间接费用 jiànjiēfèiyòng
해외 (건설) 공사 haewe (gonsol) gongsa	海外施工 hǎiwàishīgōng
해외공장 haewegongjang	海外工厂 hǎiwàigōngchǎng
장외거래 파생상품 jangwegorae pasaengsangpum	场外交易衍生工具 chángwàijiāoyìyǎnshēnggōngjù
장외시장 jangwesijang	场外交易市场 chángwàijiāoyìshìchǎng
초과근무수당 chogwageunmusudang	加班费 jiābānfèi

overvaluation	過大評価 かだいひょうか
own credit risk	自己信用リスク じこしんようりすく
owner	所有者 しょゆうしゃ
owner-occupied property	自己使用不動産 じこしようふどうさん
owner's equity	所有者持分 しょゆうしゃもちぶん
ownership transfer requirements	所有権移転基準 / 所有権移転要件 しょゆうけんいてんきじゅん / しょゆうけんいてんようけん

– P –

paid absences	有給休暇 ゆうきゅうきゅうか
paid annual leave	年次有給休暇 ねんじゆうきゅうきゅうか
paid-in capital	払込資本 はらいこみしほん
paid-in capital in excess of par	株式発行超過金 かぶしきはっこうちょうかきん
paid-in capital increase	有償増資 ゆうしょうぞうし
par value	額面価額 がくめんかがく
par value interest	額面利息 がくめんりそく
parent company	親会社 おやがいしゃ
parent-subsidiary relationship	親子会社関係 おやこがいしゃかんけい
partial capital erosion	部分資本欠損状態 ぶぶんしほんけっそんじょうたい
partially participating preferred stock	部分参加型優先株 ぶぶんさんかがたゆうせんかぶ
participating bond	利益参加社債 りえきさんかしゃさい

과대평가
gwadaepyongkka

高估
gāogū

자기신용위험
jagisinyongwihom

自身信用风险
zìshēnxìnyòngfēngxiǎn

소유자
soyuja

所有者
suǒyǒuzhě

자가사용부동산
jagasayongbudongsan

自用不动产
zìyòngbùdòngchǎn

소유주지분
soyujujibun

所有者权益
suǒyǒuzhěquányì

소유권이전기준
soyukkwonnijongijun

所有权转移条件 / 所有权转让要求
suǒyǒuquánzhuǎnyítiáojiàn/
suǒyǒuquánzhuǎnràngyāoqiú

유급휴가
yugeupyuga

带薪休假
dàixīnxiūjià

연차유급휴가
yonchayugeupyuga

带薪年假
dàixīnniánjià

납입자본
nabipjjabon

实收资本
shíshōuzīběn

주식발행초과금
jusikppalhaengchogwageum

股本溢价
gǔběnyìjià

유상증자
yusangjeungja

有偿增资 / 实收增资
yǒuchángzēngzī/shíshōuzēngzī

액면가액
aengmyonkkaaek

票面价值
piàomiànjiàzhí

액면이자
aengmyonnija

票面利息
piàomiànlìxi

모기업
mogiop

母公司
mǔgōngsī

지배 종속 관계
jibae jongsok gwangye

母子公司关系
mǔzǐgōngsīguānxi

부분자본잠식상태
bubunjabonjamsikssangtae

部分资本销蚀状态
bùfenzīběnxiāoshízhuàngtài

부분참가적 우선주
bubunchamgajok usonju

部分参与优先股
bùfèncānyùyōuxiāngǔ

이익참가사채
iikchamgasachae

参与公司债
cānyùgōngsīzhài

participating preferred stock	利益配当優先株
	りえきはいとうゆうせんかぶ
participating preferred stock	参加型優先株
	さんかがたゆうせんかぶ
participation in management	経営参加
	けいえいさんか
partnership	パートナーシップ
	ぱーとなーしっぷ
passive reserve	消極的積立金
	しょうきょくてきつみたてきん
pass-through arrangement	パススルー取引
	ぱすするーとりひき
past events	過去事象
	かこじしょう
patent	特許権
	とっきょけん
payables from sales other than merchandise	未払金
	みはらいきん
payment guarantee	支払保証
	しはらいほしょう
payment service	支払業務
	しはらいぎょうむ
payments	支払い
	しはらい
payroll accounting	給与計算
	きゅうよけいさん
payroll deductions	給与所得控除
	きゅうよしょとくこうじょ
payroll register	給与支払簿
	きゅうよしはらいぼ
payroll tax	給与税
	きゅうよぜい
pension	年金
	ねんきん
pension benefit expenses	退職給付費用
	たいしょくきゅうふひよう
pension growth rate	年金増加率
	ねんきんぞうかりつ
pension liability	年金負債
	ねんきんふさい
pension obligations	年金債務
	ねんきんさいむ

이익배당우선주 iikppaedangusonju	参与优先股 cānyùyōuxiāngǔ
참가적 우선주 chamgajok usonju	参与优先股 cānyùyōuxiāngǔ
경영 참여 gyongyong chamyo	参与管理 cānyùguǎnlī
합자회사 hapjjahwesa	合伙企业 héhuǒqǐyè
소극적 적립금 sogeukjjok jongnipkkeum	消极储备 xiāojíchǔbèi
경유거래 gyongyugorae	转换安排 zhuǎnhuànānpái
과거사건 gwagosakkon	过去的事项 guòqudeshixiàng
특허권 teukkokkwon	专利 zhuānlì
미지급금 mijigeupkkeum	其他应付款 qítāyìngfukuǎn
지급보증 jigeupppojeung	付款担保 fùkuǎndānbǎo
지급업무 jigeubommu	付款业务 fùkuǎnyèwù
지급 jigeup	付款 fùkuǎn
급여회계처리 geubyoimgeumhwegyechori	工资核算 gōngzīhésuàn
급여공제 geubyogongje	工资扣除额 gōngzīkòuchúé
급여지급대장 geubyojigeupttaejang	工资登记簿 gōngzīdēngjìbù
근로소득세 geulrosodeuksse	工资税 / 工薪税 gōngzīshuì/gōngxīnshuì
연금 yongeum	养老金 yǎnglǎojīn
퇴직급여비용 twejikkkeubyobiyong	退休金福利费用 tuìxiūjīnfúlìfèiyòng
연금증가율 yongeumjeunggayul	养老金增长率 yǎnglǎojīnzēngzhǎnglǜ
연금부채 yongeumbuchae	养老金负债 yǎnglǎojīnfùzhài
연금채무 yongeumchaemu	养老金给付义务 yǎnglǎojīngěifùyìwù

pension payable for life	終身年金 しゅうしんねんきん
pension plan assets	年金資産 ねんきんしさん
pension plans	年金制度 ねんきんせいど
per product unit	製品単位当たり せいひんたんいあたり
percentage of completion	進捗率 / 進捗度 しんちょくりつ / しんちょくど
percentage of completion method	工事進行基準 / 進行基準 こうじしんこうきじゅん / しんこうきじゅん
performance	実績 じっせき
performance dividend financial instruments	実績配当金融商品 じっせきはいとうきんゆうしょうひん
performance obligation	履行義務 りこうぎむ
periodic inventory system	棚卸計算法 たなおろしけいさんほう
periodic profit and loss	期間損益 きかんそんえき
periodic reporting	期間報告 きかんほうこく
periodicity assumption	会計期間の仮定 かいけいきかんのかてい
perpetual bond	永久債 えいきゅうさい
perpetual inventory method	継続記録法 けいぞくきろくほう
personal deduction	人的控除 じんてきこうじょ
personnel	人事 / 職員 / 社員 じんじ / しょくいん / しゃいん
personnel change system	配置転換制度 はいちてんかんせいど
petty cash	小口現金 こぐちげんきん
petty cash system	小口現金制度 こぐちげんきんせいど
phantom shares	業績連動型株式 ぎょうせきれんどうがたかぶしき

종신연금 jongsinnyongeum	应付终身养老金 yìngfuzhōngshēnyǎnglǎojīn
사외적립자산 sawejongnipjjasan	养老金资产 yǎnglǎojīnzīchǎn
연금계획 yongeumgyehwek	养老金计划 yǎnglǎojīnjìhuà
제품단위당 jepumdanwidang	每个产品单元 měigèchǎnpǐndānyuán
진행률 / 진행정도 jinhaengnyul/jinhaengjongdo	完工百分比 wángōngbǎifēnbǐ
진행기준 jinhaenggijun	完工百分比法 wángōngbǎifēnbǐfǎ
실적 siljjok	业绩 yèjì
실적배당금융상품 siljjokppaedanggeumyungsangpum	业绩分红金融工具 yèjìfēnhóngjīnrónggōngjù
수행의무 suhaenguimu	履行义务 lǚxíngyìwù
실지재고조사법 siljjijaegojosappop	实地盘存制 shídìpáncúnzhì
기간손익 gigansonik	期间损益 qījiānsǔnyì
기간별 보고 giganbyol bogo	定期报告 dìngqībàogào
회계기간의 가정 hwegyegigane gajong	会计期间假设 / 会计分期假设 kuàijìqíjiān jiǎshè/kuàijìfēnqí jiǎshè
영구채 yongguchae	永续债券 yǒngxùzhàiquàn
계속기록법 gyesokkkirokppop	永续盘存法 yǒngxùpáncúnfǎ
인적공제 injokkkongje	个人免税额 gèrénmiǎnshuìé
인사 insa	人事 rénshì
직무순환제도 jingmusunhwanjedo	人事变动制度 rénshìbiàndòngzhìdù
소액현금 soaekyongeum	零用现金 língyòngxiànjīn
소액현금제도 soaekyongeumjedo	零用现金制度 língyòngxiànjīnzhìdù
가상주식 gasangjusik	影子股票 yǐngzigǔpiào

physical capital	物的資本 ぶってきしほん
physical control	物理的占有 ぶつりてきせんゆう
physical entity	物理的実体 ぶつりてきじったい
plan	計画 けいかく
plan assets	制度資産 せいどしさん
plan participants	制度加入者 せいどかにゅうしゃ
plant	プラント / 生産設備 ぷらんと / せいさんせつび
plant and equipment	工場及び設備 こうじょうおよびせつび
platform business	プラットフォームビジネス ぷらっとふぉーむびじねす
pledged assets	担保資産 たんぽしさん
point in time	時点 じてん
policy	政策 せいさく
policyholder	保険契約者 ほけんけいやくしゃ
Ponzi scheme	ポンジ・スキーム ※投資詐欺のこと ぽんじすきーむ
pooling of interest method	持分プーリング法 もちぶんぷーりんぐほう
postal money order	郵便為替証書 ゆうびんかわせしょうしょ
post-closing trial balance	締切後試算表 しめきりごしさんひょう
post-employment benefit plans	退職後給付制度 たいしょくごきゅうふせいど
post-employment benefits	退職後給付 たいしゃくごきゅうふ
post-employment medical benefits	退職後医療給付 たいしょくごいりょうきゅうふ
post-impairment costs	減損後原価 げんそんごげんか

실물자본 silmuljabon	实物资本 shíwù zīběn
물리적 점유 mulrijok jomyu	实物控制 shíwùkòngzhì
물리적실체 mulrijokssilche	实体 shítǐ
계획 gyehwek	计划 jìhuà
사외적립자산 sawejongnipjjasan	计划资产 jìhuàzīchǎn
퇴직연금제도 가입자 twejingnyongeumjedo gaipjja	计划参与者 jìhuàcānyùzhě
플랜트 peulraenteu	工厂 gōngchǎng
공장 및 설비 gongjang mit solbi	厂房和设备 chǎngfánghéshèbèi
플랫폼 비즈니스 peulraetpom bijeunisseu	平台商业 píngtáishāngyè
담보자산 dambojasan	质押资产 zhìyāzīchǎn
시점 sijjom	时点 shídiǎn
정책 jongchaek	政策 zhèngcè
보험계약자 bohomgyeyakjja	投保人 tóubǎorén
폰지사기 ponjisagi	庞氏骗局 pángshìpiànjú
지분통합법 jibuntonghapppop	权益结合法 quányìjiéhéfǎ
우편환증서 upyonhwanjeungso	邮政汇票 yóuzhènghuìpiào
마감후시산표 magamhusisanpyo	结账后试算平衡表 jiézhànghòushìsuànpínghéngbiǎo
퇴직급여제도 twejikkkeubyojedo	退休后福利制度 / 退休后福利计划 tuìxiūhòu fúlìzhìdù/tuìxiūhòu fúlìjìhuà
퇴직급여 twejikkkeubyo	退休后福利 tuìxiūhòufúlì
퇴직후의료급여 twejikuuiryogeubyo	离职后医疗福利 lízhíhòuyīliáofúlì
손상후 원가 sonsanghu wonkka	减值后成本 jiǎnzhíhòuchéngběn

posting	転記 てんき
posting in the ledger	元帳転記 もとちょうてんき
potential assets	潜在的資産 せんざいてきしさん
potential common stock	潜在的普通株式 せんざいてきふつうかぶしき
potential obligation	潜在的債務 せんざいてきさいむ
potential of creating future revenues	将来の収益創出可能性 しょうらいのしゅうえきそうしゅつかのうせい
potential tax benefit	潜在的税効果 せんざいてきぜいこうか
predictive value	予測価値 よそくかち
preemptive right	新株優先引受権 しんかぶゆうせんひきうけん
preference dividend	優先配当 ゆうせんはいとう
preferred payment right	優先弁済権 ゆうせんべんさいけん
preferred right for liquidating dividend	清算分配優先権 せいさんぶんぱいゆうせんけん
preferred stock	優先株 ゆうせんかぶ
preferred stock capital	優先資本金 ゆうせんかぶしほんきん
preliminary screening for listing	上場予備審査 じょうじょうよびしんさ
premium	保険料 / プレミアム ほけんりょう / ぷれみあむ
premium on bonds payable	社債打歩発行差金 しゃさいうちぶはっこうさきん
prepaid annuity	前払年金 まえばらいねんきん
prepaid expenses	前払費用 まえばらいひよう
prepaid house-rent	前払家賃 まえばらいやちん
prepaid insurance	前払保険料 まえばらいほけんりょう

전기 jongi	过账 guòzhàng
원장에 전기 wonjange jongi	过账到分类账 guòzhàngdàofēnlèizhàng
잠재적 자산 jamjaejok jasan	潜在资产 qiánzàizīchǎn
잠재적 보통주 jamjaejok botongju	潜在普通股 qiánzàipǔtōnggǔ
잠재적 의무 jamjaejok uimu	潜在债务 / 潜在义务 qiánzàizhàiwù/qiánzàiyìwù
미래 수익창출 가능성 mirae suikchangchul ganeungssong	未来盈利能力 wèiláiyínglìnénglì
잠재적인 세금효과 jamjaejogin segeumhyokkwa	潜在税收优惠 qiánzàishuìshōuyōuhuì
예측가치 yecheukkkachi	预测价值 yùcèjiàzhí
신주인수권 sinjuinsukkwon	优先认股权 yōuxiānrèngǔquán
우선주 배당금 usonju baedanggeum	优先股利 yōuxiāngǔlì
우선변제권 usonbyonjekkwon	优先支付权 yōuxiānzhīfùquán
청산분배우선권 chongsanbunbaeusonkkwon	优先清算权 / 清算股息优先权 yōuxiānqīngsuànquán/qīngsuàngǔxíyōuxiānquán
우선주 usonju	优先股 yōuxiāngǔ
우선주자본금 usonjujabongeum	优先股股本 yōuxiāngǔgǔběn
상장예비심사 sangjjangnyebisimsa	上市初审 shàngshìchūshěn
프리미엄 / 할증금 peurimiom/haljjeunggeum	保险费 / 溢价 bǎoxiǎnfèi/yìjià
사채할증발행차금 sachaehaljjeungbalhaengchageum	债券发行溢价 zhàiquànfāxíngyìjià
선급연금 songeumnyongeum	预付年金 yùfùniánjīn
선급비용 songeupppiyong	预付费用 yùfùfèiyòng
선급임차료 songeumnimcharyo	预付房租 yùfùfángzū
선급보험료 songeupppohomnyo	预付保险金 yùfùbǎoxiǎnjīn

prepaid interest	前払利息 まえばらいりそく
prepaid rent	前払賃借料 まえばらいちんしゃくりょう
preparation	作成 さくせい
preparation and presentation of financial statements	財務諸表の作成と表示 ざいむしょひょうのさくせいとひょうじ
preparation of financial statements	財務諸表の作成 ざいむしょひょうのさくせい
preparation process	作成過程 さくせいかてい
prepayment risk	前払いのリスク まえばらいのりすく
prepayments	前渡金 まえわたしきん
present value	現在価値 げんざいかち
presentation	表示 ひょうじ
presentation based on liquidity	流動性配列法 りゅうどうせいはいれつほう
presentation by function	機能別表示 きのうべつひょうじ
presentation currency	表示通貨 ひょうじつうか
presentation of current and non-current classification	流動・非流動の区分表示 りゅうどうひりゅうどうのくぶんひょうじ
pre-tax discount rate	税引前割引率 ぜいびきまえわりびきりつ
price	価格 かかく
price book-value ratio	株価純資産倍率 かぶかじゅんしさんばいりつ
price earnings ratio	株価収益率 かぶかしゅうえききりつ
price index	物価指数 ぶっかしすう
price risk	価格リスク かかくりすく
prices	物価 ぶっか

선급이자 songeumnija	预付利息 yùfùlìxi
선급임차료 songeumnimcharyo	预付租金 yùfùzūjīn
작성 jakssong	编制 biānzhì
재무제표의 작성과 표시 jaemujepyoe jakssonggwa pyosi	财务报表的编制和列报 cáiwùbàobiǎodebiānzhìhélièbào
재무제표작성 jaemujepyojakssong	财务报表编制 cáiwùbàobiǎobiānzhì
작성과정 jakssonggwajong	编制过程 biānzhìguòchéng
중도상환위험 jungdosanghwanwihom	提前偿还风险 tíqiánchánghuánfēngxiǎn
선급금 songeupkkeum	预付款 yùfùkuǎn
현재가치 hyonjaegachi	现值 xiànzhí
표시 pyosi	列报 lièbào
유동성배열법 yudongssongbaeyolppop	按流动性列报 ànliúdòngxìnglièbào
기능별 표시 gineungbyol pyosi	按功能分类列报 àngōngnéngfēnlèilièbào
표시통화 pyositonghwa	列报货币 lièbàohuòbì
유동・비유동의 구분 표시 yudongbiyudonge gubun pyosi	按流动性和非流动性分类列报 ànliúdòngxìnghéfēiliúdòngxìngfēnlèilièbào
세전할인율 sejonharinnyul	税前贴现率 shuiqiántiēxiànlù
가격 gagyok	价格 jiàgé
주가순자산비율 jukkasunjasanbiyul	股价与账面价值比率 gǔjiàyǔzhàngmiànjiàzhíbǐlǜ
주가수익비율 jukkasuikppiyul	市盈率 / 价盈比 shìyínglǜ/jiàyíngbī
물가지수 mulkkajisu	物价指数 wùjiàzhǐshù
가격위험 gagyogwihom	价格风险 jiàgéfēngxiǎn
물가 mulkka	物价 wùjià

pricing framework	価格設定の仕組み / 価格設定方法 かかくせっていのしくみ / かかくせっていほうほう
primary financial statements	基本財務諸表 きほんざいむしょひょう
principal	元本 / 元利金 がんぽん / がんりきん
principal amount	元本金額 がんぽんきんがく
principal-and-interest bifurcation approach	元利分岐アプローチ がんりぶんきあぷろーち
principal-only strip	元本ストリップス債 がんぽんすとりっぷすさい
principle of journalizing	仕訳の原則 しわけのげんそく
principle of substance over form	実質優先原則 じっしつゆうせんげんそく
principles for preparation	作成原則 さくせいげんそく
principles of double-entry bookkeeping	複式簿記の原理 ふくしきぼきのげんり
principles of vesting and obligation	権利義務確定主義 けんりぎむかくていしゅぎ
principles-based standards	原則主義 げんそくしゅぎ
prior period	前期 ぜんき
prior period adjustment	前期損益修正 ぜんきそんえきしゅうせい
prior period balance	前期繰越 ぜんきくりこし
prior period error	前期誤謬 ぜんきごびゅう
prior service cost	過去勤務費用 かこきんむひよう
priority of dividend	配当優先権 はいとうゆうせんけん
private company	個人会社 / 私会社 / 閉鎖会社 こじんがいしゃ / しがいしゃ / へいさがいしゃ
private entity	個人企業 こじんきぎょう
privately held corporation	非公開会社 ひこうかいがいしゃ

가격체계 gagyokchegye	定价框架 dìngjiàkuàngjià
기본재무제표 gibonjaemujepyo	主要财务报表 zhǔyàocáiwùbàobiǎo
원금 / 원리금 wongeum/wolrigeum	本金 běnjīn
원금 wongeum	本金 běnjīn
원금과 이자의 분리 방식 wongeumgwa ijae bulri bangsik	本息分歧法 běnxīfēnqífǎ
원금스트립 wongeumseuteurip	分割本金债券 fēngēběnjīnzhàiquàn
분개의 원칙 bungaee wonchik	会计分录编制原则 kuàijìfēnlùbiānzhìyuánzé
실질우선원칙 siljjirusonwonchik	实质重于形式原则 shízhìzhòngyúxíngshìyuánzé
작성원칙 jakssongwonchik	编制原则 biānzhìyuánzé
복식부기의 원리 bokssikppugie wolri	复式记账的原理 fùshìjìzhàngdeyuánlǐ
권리의무확정주의 gwolriuimuhwakjjongjue	权利义务确认原则 quánlìyìwùquèrènyuánzé
원칙중심 회계기준 wonchikjjungsim hwegyegijun	以原则为基础的会计准则 yǐyuánzéwèijīchǔdekuàijìzhǔnzé
전기 jongi	前期 qiánqī
전기오류수정 jongioryusujong	前期损益调整 / 前期调整 qiánqísǔnyìtiáozhěng/qiánqítiáozhěng
전기이월 jongiiwol	前期余额 qiánqīyúé
전기오류 jongioryu	前期差错 qiánqíchācuò
과거근무원가 gwagogeunmuwonkka	过去服务成本 guòqùfúwùchéngběn
배당우선권 baedangusonkkwon	股利优先权 gǔlìyōuxiānquán
개인회사 gaeinhwesa	私人公司 sīréngōngsī
민간기업 mingangiop	私人企业 sīrénqǐyè
비상장기업 bisangjanggiop	私营公司 sīyínggōngsī

privatisation	民営化 みんえいか
pro forma financial statements	見積財務諸表 みつもりざいむしょひょう
probability	発生の可能性 はっせいのかのうせい
probability recognition criterion	発生可能性認識規準 はっせいかのうせいにんしききじゅん
process of generating revenues	収益創出過程 しゅうえきそうしゅつかてい
processing	加工 かこう
product	生産品 / 製品 せいさんひん / せいひん
product life cycle	製品ライフサイクル せいひんらいふさいくる
product sales	製品販売額 せいひんはんばいがく
product warranty	製品保証 せいひんほしょう
product warranty expense	製品保証費用 せいひんほしょうひよう
product warranty obligations	製品保証債務 せいひんほしょうさいむ
production	生産 せいさん
production costs	生産原価 せいさんげんか
production division	生産部門 せいさんぶもん
production efficiency	生産効率 せいさんこうりつ
production plant	生産工場 せいさんこうじょう
production process	生産工程 せいさんこうてい
production stripping costs	生産剥土費用 せいさんはくどひよう
productivity	生産性 せいさんせい
professional management	専門経営者 せんもんけいえいしゃ

민영화 minyonghwa	私有化 sīyǒuhuà
추정재무제표 chujongjaemujepyo	预计财务报表 yùjìcáiwùbàobiǎo
발생 가능성 balssaeng ganeungssong	可能性 kěnéngxìng
발생가능성 인식기준 balssaengganeungssong insikkkijun	发生概率确认标准 fāshēnggàilǜquèrènbiāozhǔn
수익창출과정 suikchangchulgwajong	产生收入的过程 chǎnshēngshōurùdeguòchéng
가공 gagong	加工 jiāgōng
생산품 / 제품 saengsanpum/jepum	产品 chǎnpǐn
제품수명주기 jepumsumyongjugi	产品生命周期 chǎnpǐnshēngmìngzhōuqī
제품판매액 jepumpanmaeaek	产品销售额 chǎnpǐnxiāoshòué
제품보증 jepumbojeung	产品保修 chǎnpǐnbǎoxiū
제품 보증 비용 jepum bojeung biyong	产品保修费用 chǎnpǐnbǎoxiūfèiyòng
제품보증의무 jepumbojeunguimu	产品保证义务 chǎnpǐnbǎozhèngyìwù
생산 saengsan	生产 shēngchǎn
생산원가 saengsanwonkka	生产成本 shēngchǎnchéngběn
생산부문 saengsanbumun	生产部门 shēngchǎnbùmén
생산효율 saengsanhyoyul	生产效率 shēngchǎnxiàolǜ
생산공장 saengsangongjang	生产工厂 shēngchǎngōngchǎng
생산공정 saengsangongjong	生产过程 shēngchǎnguòchéng
생산 관련 박토원가 saengsan gwalryon baktowonkka	生产阶段的剥采成本 shēngchǎnjiēduàndebāocǎichéngběn
생산성 saengsanssong	生产力 shēngchǎnlì
전문경영자 jonmungyongyongja	职业管理者 / 专业管理 zhíyèguǎnlǐzhě/zhuānyèguǎnlǐ

professional	プロフェッショナル / 専門家 ぷろふぇっしょなる / せんもんか
profit	利益 りえき
profit after tax	税引後利益 ぜいびきごりえき
profit and loss	損益 そんえき
profit and loss from discontinued operations after tax	税引後廃止営業損益 ぜいびきごはいしえいぎょうそんえき
profit and loss statement	損益計算書 そんえきけいさんしょ
profit and loss transactions	損益取引 そんえきとりひき
profit before income tax	税引前利益 ぜいびきまえりえき
profit disposition	利益処分 りえきしょぶん
profit from continuing operations	継続事業純利益 けいぞくじぎょうじゅんりえき
profit from discontinued operation	非継続事業利益 ひけいぞくじぎょうりえき
profit or loss for current period	当期損益 とうきそんえき
profit or loss from continuing operation	継続営業損益 けいぞくえいぎょうそんえき
profit ratio	利益率 りえきりつ
profitability	収益性 しゅうえきせい
profitability analysis	収益性分析 しゅうえきせいぶんせき
profitability ratio	収益性比率 しゅうえきせいひりつ
profit-sharing	利益分配 りえきぶんぱい
progress of service provision	役務提供の進捗度 えきむていきょうのしんちょくど
progress payment	出来高払 できだかばらい
project financing	プロジェクトファイナンス ぷろじぇくとふぁいなんす

전문가 jonmunga	专业人士 zhuānyèrénshì
이익 iik	利润 lìrùn
세후이익 sehuiik	税后利润 shuìhòulìrùn
손익 sonic	损益 sǔnyì
세후중단영업손익 sehujungdannyongopssonik	税后终止经营损益 shuìhòuzhōngzhǐjīngyíngsǔnyì
손익계산서 sonikkkyesanso	利润表 / 损益表 lìrùnbiǎo/sǔnyìbiǎo
손익거래 sonikkkorae	损益交易 sǔnyìjiāoyì
세전이익 sejonniik	税前利润 shuìqiánlìrùn
이익처분 iikchobun	利润分配 lìrùnfēnpèi
계속영업이익 gyesongnyongomniik	持续经营利润 chíxùjīngyínglìrùn
중단사업손익 jungdansaopssonik	终止经营利润 zhōngzhǐjīngyínglìrùn
당기손익 danggisonik	当期损益 dāngqīsǔnyì
계속영업손익 gyesongnyongopssonik	持续经营损益 chíxùjīngyíngsǔnyì
이익률 iingnyul	利润率 lìrùnlǜ
수익성 suikssong	盈利能力 yínglìnénglì
수익성분석 suikssongbunsok	盈利能力分析 yínglìnénglìfēnxī
수익성비율 suikssongbiyul	盈利率 yínglìlǜ
이익분배 iikppunbae	利润分配 lìrùnfēnpèi
용역제공의 진행 정도 yongyokjjegonge jinhaeng jongdo	服务进展 fúwùjìnzhǎn
개수제 임금 지급 gaesuje imgeum jigeup	按进度分期付款 ànjìndùfēnqīfùkuǎn
프로젝트 파이낸싱 peurojekteu painaensing	项目融资 xiàngmùróngzī

projected benefit obligation	退職給付債務 / 予測給付債務 たいしょくきゅうふさいむ / よそくきゅうふさいむ
projected unit credit method	予測単位積立方式 よそくたんいつみたてほうしき
promise by document	文書による約束 ぶんしょによるやくそく
promissory notes	約束手形 やくそくてがた
promotional activities	販売促進活動 はんばいそくしんかつどう
property	財産 / 不動産 ざいさん / ふどうさん
property interest	不動産持分権 / 共有持分権 ふどうさんもちぶんけん / きょうゆうもちぶんけん
property revaluation	不動産再評価 ふどうさんさいひょうか
property status	財産状態 ざいさんじょうたい
property tax	財産税 / 固定資産税 ざいさんぜい / こていしさんぜい
property value	財産価値 ざいさんかち
property, plant and equipment	有形固定資産 ゆうけいこていしさん
proportional adjustment method	比例調整法 ひれいちょうせいほう
proportional method	比例配分法 ひれいはいぶんほう
proportionate consolidation	比例連結 ひれいれんけつ
proprietor	所有主 しょゆうぬし
proprietor's equity	所有主持分 しょゆうぬしもちぶん
proprietorships	個人事業 こじんじぎょう
prospective approach	将来修正方式 しょうらいしゅうせいほうしき
protective rights	防御的な権利 ぼうぎょてきなけんり
provision for retirement benefits	退職給付引当金 たいしょくきゅうふひきあてきん

퇴직급여채무 twejikkkeubyochaemu	预计福利义务 yùjìfúlìyìwù
예측단위적립방식 yecheukttanwijongnipppangsik	预期累计福利单位法 / 预计单位积分法 yùqīlěijìfúlìdānwèifǎ/yùjìdānwèijīfēnfǎ
문서로 기록한 약속 munsoro girokan yakssok	书面承诺 shūmiànchéngnuò
약속어음 yakssogoeum	本票 běnpiào
판매촉진활동 panmaechokjjinhwalttong	促销活动 cùxiāohuódòng
재산 jaesan	财产 / 不动产 cáichǎn/bùdòngchǎn
부동산에 대한 권리 budongsane daehan gwolri	不动产权益 bùdòngchǎnquányì
부동산 재평가 budongsan jaepyongkka	不动产重估 bùdòngchǎnchónggū
재산상태 jaesansangtae	财产状况 cáichǎnzhuàngkuàng
재산세 jaesansse	财产税 cáichǎnshuì
재산가치 jaesangachi	财产价值 cáichǎnjiàzhí
유형고정자산 yuhyonggojongjasan	固定资产 / 不动产、厂房和设备 gùdìngzīchǎn/bùdòngchǎn, chǎngfánghéshèbèi
비례적 조정법 biryejok jojongppop	比例调整法 bǐlìtiáozhěngfǎ
비례법 biryeppop	比例法 bǐlìfǎ
비례연결 biryeyongyol	比例合并 bǐlìhébìng
소유주 soyuju	业主 yèzhǔ
소유주지분 soyujujibun	所有者权益 suǒyǒuzhěquányì
개인사업체 gaeinsaopche	个人独资企业 gèréndúzīqǐyè
전진법 jonjinppop	未来适用法 wèiláishìyòngfǎ
방어권 bangokkwon	保护性权利 bǎohùxìngquánlì
퇴직급여충당부채 twejikkkeubyochungdangbuchae	退休福利准备金 / 离职后福利准备金 tuìxiūfúlìzhǔnbèijīn/lízhíhòufúlìzhǔnbèijīn

provision for sales warranty	製品保証引当金 せいひんほしょうひきあてきん
provisional value	暫定額 ざんていがく
proxy	委任状 いにんじょう
prudence	慎重性 しんちょうせい
prudential supervisors	規制監督当局 きせいかんとくとうきょく
psychology of expectations	期待心理 きたいしんり
public accountability	公的会計責任 こうてきかいけいせきにん
public accounting	公会計 こうかいけい
Public Company Accounting Oversight Board (PCAOB)	公開会社会計監督委員会 こうかいがいしゃかいけいかんとくいいんかい
public enterprise	公企業 こうきぎょう
public entity	公共団体 こうきょうだんたい
public property	公共財産 こうきょうざいさん
public sector	公共部門 こうきょうぶもん
public service	公共サービス こうきょうさーびす
publicly held corporations	公開会社 こうかいがいしゃ
published price	公表価格 こうひょうかかく
purchase	購入 / 仕入 こうにゅう / しいれ
purchase account	仕入勘定 しいれかんじょう
purchase allowance	仕入値引 しいれねびき
purchase amount	仕入価額 しいれかがく
purchase amount of current materials	当期材料仕入高 とうきざいりょうしいれだか

제품보증충당부채 jepumbojeungchungdangbuchae	销售保证准备 / 保修准备 xiāoshòubǎozhèngzhǔnbèi/bǎoxiūzhǔnbèi
잠정가치 jamjonggachi	暂定价值 zàndìngjiàzhí
위임장 wiimjjang	代理授权书 / 代理 dàilǐshòuquánshū/dàilǐ
신중성 sinjungssong	谨慎性 jǐnshènxìng
감독기구 gamdokkkigu	审慎监管机构 / 审慎监管者 shěnshènjiānguǎnjīgòu/shěnshènjiānguǎnzhě
기대심리 gidaesimni	预期心理 / 期望心理 yùqíxīnlǐ/qīwàngxīnlǐ
공적 회계책임 gongjok hwegyechaegim	公共责任 / 公共受托责任 gōnggòngzérèn/gōnggòngshòutuōzérèn
공공회계 gonggonghwegye	公共会计 gōnggòngkuàijì
상장기업회계감독위원회 sangjjanggiopwegyegamdogwiwonhwe	上市公司会计监督委员会 shàngshìgōngsīkuàijìjiāndūwěiyuánhuì
공기업 gonggiop	公共企业 gōnggòngqǐyè
상장기업 sangjjanggiop	公共机构 gōnggòngjīgòu
공공자산 gonggongjasan	公共财产 gōnggòngcáichǎn
공공부문 gonggongbumun	公共部门 gōnggòngbùmén
공공서비스 gonggongssobisseu	公共服务 gōnggòngfúwù
상장기업 sangjjanggiop	开放式公司 kāifàngshìgōngsī
공표가격 gongpyogagyok	公布价格 gōngbùjiàgé
구입 / 매입 guip/maeip	购买 gòumǎi
매입계정 maeipkkyejong	购买账户 gòumǎizhànghù
매입에누리 maeibenuri	购买折让 gòumǎizhéràng
매입가액 maeipkkaaek	购买金额 gòumǎijīné
당기재료매입액 danggijaeryomaeibaek	当期材料采购额 dāngqīcáiliàocǎigòué

purchase amount of current merchandise	当期商品仕入高 とうきしょうひんしいれだか
purchase commission	仕入手数料 しいれてすうりょう
purchase consideration	購入対価 こうにゅうたいか
purchase consideration	仕入代金 しいれだいきん
purchase cost	仕入原価 しいれげんか
purchase discount	仕入割引 しいれわりびき
purchase expense	購入費 こうにゅうひ
purchase invoices	仕入請求書 しいれせいきゅうしょ
purchase journal	仕入帳 しいれちょう
purchase payables	仕入債務 / 買掛金 しいれさいむ / かいかけきん
purchase price	購入価格 / 仕入価格 こうにゅうかかく / しいれかかく
purchase quantity	仕入数量 しいれすうりょう
purchase rebate	仕入割戻 しいれわりもどし
purchase returns	仕入戻し しいれもどし
purchase unit price	仕入単価 しいれたんか
purchased options	購入オプション こうにゅうおぷしょん
purchasing activities	購買活動 こうばいかつどう
purpose of use	使用目的 しようもくてき
purpose tax	目的税 もくてきぜい
put option	プットオプション ぷっとおぷしょん
puttable financial instruments	プット可能金融商品 / プッタブル金融商品 ぷっとかのうきんゆうしょうひん / ぷったぶるきんゆうしょうひん

당기상품매입액 danggisangpummaeibaek	当期商品购买金额 dāngqīshāngpǐngòumǎijīné
매입수수료 maeipssusuryo	购货佣金 gòuhuòyòngjīn
구입대가 guipttaekka	购买对价 gòumǎiduìjià
매입대금 maeipttaegeum	购买金额 gòumǎijīné
매입원가 maeibwonkka	购货成本 gòuhuòchéngběn
매입할인 maeiparin	购买现金折扣 gòumǎixiànjīnzhékòu
구입비용 guipppiyong	采购费用 cǎigòufèiyòng
구매청구서 gumaechongguso	采购发票 cǎigòufāpiào
매입장 maeipjjang	采购日记账 cǎigòurìjìzhàng
매입채무 maeipchaemu	采购应付款 cǎigòuyìngfùkuǎn
구입가격 / 매입가격 guipkkagyok/maeipkkagyok	购买价格 gòumǎijiàgé
매입수량 maeipssuryang	购买数量 gòumǎishùliàng
구매 리베이트 gumae ribeiteu	商业折扣 / 采购返利 shāngyèzhékòu/cǎigòufǎnlì
매입환출 maeipwanchul	购买退回 gòumǎituìhuí
매입단가 maeipttankka	购货单价 gòuhuòdānjià
매입옵션 maeibopssyon	购买期权 gòumǎiqīquán
구매활동 gumaehwalttong	采购活动 cǎigòuhuódòng
사용목적 sayongmokjjok	使用目的 shǐyòngmùdì
목적세 mokjjoksse	目的税 mùdìshuì
풋옵션 pudopssyon	看跌期权 kàndiēqīquán
풋가능 금융상품 putkkaneung geumyungsangpum	可认沽金融工具 kěrèngūjīnrónggōngjù

– Q –

qualified opinion	限定付適正意見 げんていつきてきせいいいけん
qualifying asset	適格資産 てきかくしさん
qualifying insurance policies	適格保険証券 てきかくほけんしょうけん
qualitative characteristics	質的特性 しつてきとくせい
qualitative characteristics of accounting information	会計情報の質的特性 かいけいじょうほうのしつてきとくせい
quality of earnings	利益の質 りえきのしつ
quantitative disclosures	量的開示 りょうてきかいじ
quantitative thresholds	量的閾値 りょうてきいきち
quantity	数量 すうりょう
quantity of beginning merchandise	期首商品数量 きしゅしょうひんすうりょう
quantity of beginning stock	期首在庫数量 きしゅざいこすうりょう
quantity of current sales	当期販売数量 とうきはんばいすうりょう
quantity of ending inventories	期末在庫量 きまつざいこりょう
quantity of ending stock	期末在庫数量 きまつざいこすうりょう
quarter	四半期 しはんき
quick ratio	当座比率 とうざひりつ
quoted market prices	相場価格 そうばかかく
quotes	相場 そうば

한정의견
hanjonguigyon

保留意见
bǎoliúyìjiàn

적격자산
jokkkyokjjasan

符合资本化条件的资产
fúhézīběnhuàtiáojiàndezīchǎn

적격보험계약
jokkkyokppohomgyeyak

符合条件的保险单
fúhétiáojiàndebǎoxiǎndān

질적 특성
jiljjok teukssong

质量特征
zhìliàngtèzhēng

회계정보의 질적 특성
hwegyejongboe jiljjok teukssong

会计信息的质量特征
kuàijìxìnxīdezhìliàngtèzhēng

이익의 품질
iige pumjil

盈利质量
yínglìzhìliàng

양적 공시
yangjjok gongsi

定量披露
dìngliàngpīlù

양적기준
yangjjokkkijun

定量阈值
dìngliàngyùzhí

수량
suryang

数量
shùliàng

기초상품수량
gichosangpumsuryang

期初商品数量
qīchūshāngpǐnshùliàng

기초재고수량
gichojaegosuryang

期初库存数量
qīchūkùcúnshùliàng

당기판매수량
danggipanmaesuryang

当期销售数量
dāngqīxiāoshòushùliàng

기말재고량
gimaljaegoryang

期末库存量
qīmòkùcúnliàng

기말재고수량
gimaljaegosuryang

期末库存数量
qīmòkùcúnshùliàng

분기
bungi

季度
jìdù

당좌비율
dangjwabiyul

速动比率
sùdòngbǐlù

공시되는 시장가격
gongsidweneun sijangkkagyok

市场报价
shìchǎngbàojià

시세
sise

报价
bàojià

- R -

rate of return on sales	売上高利益率 うりあげだかりえきりつ
rate regulation	料率規制 りょうりつきせい
rating agency	格付機関 かくづけきかん
ratio analysis	比率分析 ひりつぶんせき
rationality	合理性 ごうりせい
raw materials	原料 / 原材料 げんりょう / げんざいりょう
real bill	真正手形 しんせいてがた
real estate	不動産 ふどうさん
real estate lease	不動産リース ふどうさんりーす
real interest rate	実質金利 じっしつきんり
realisable value	実現可能価額 じつげんかのうかがく
realization principle	実現原則 じつげんきじゅん
reasonable approximation	合理的近似値 ごうりてききんじち
reasonable estimate	合理的見積 ごうりてきみつもり
reasonable price	適正価格 てきせいかかく
rebalancing	再調整 さいちょうせい
rebates	リベート りべーと
rebuttable presumption	反証可能な推定 はんしょうかのうなすいてい
receipt	領収書 りょうしゅうしょ

매출수익률 maechulsuingnyul	销售回报率 xiāoshòuhuíbàolǜ
요율규제 yoyulgyuje	费率规定 / 费率管制 fèilǜguīdìng/fèilǜguǎnzhì
평가기관 yongkkagigwan	评级机构 píngjíjīgòu
비율분석 biyulbunsok	比率分析 bǐlǜfēnxī
합리성 hamnissong	合理性 hélǐxìng
원료 / 원재료 wolryo/wonjaeryo	原材料 yuáncáiliào
진성어음 jinsongoeum	真实票据 zhēnshípiàojù
부동산 budongsan	房地产 fángdìchǎn
부동산리스 budongsalrisseu	房地产租赁 fángdìchǎnzūlìn
실질이자율 siljjilrijayul	实际利率 / 真实利率 shíjìlìlǜ/zhēnshílìlǜ
실현가능가치 silhyonganeunggachi	可变现净值 kěbiànxiànjingzhí
실현주의 원칙 silhyonjue wonchik	实现原则 shíxiànyuánzé
합리적 근사치 hamnijok geunsachi	合理近似值 hélǐjìnsìzhí
합리적인 추정 hamnijogin chujong	合理估计 hélǐgūjì
적정 가격 jokjjong gagyok	合理价格 hélǐjiàgé
재조정 jaejojong	再平衡 zàipínghéng
리베이트 ribeiteu	回扣 huíkòu
반증가능한 가정 banjeungganeunghan gajong	可予驳回的推定 kěyǔbóhuídetuīdìng
영수증 yongsujeung	收据 shōujù

receivables from sales other than merchandise	未収入金 / 未収金 みしゅうにゅうきん / みしゅうきん
recession	景気後退 けいきこうたい
reclassification	組替え くみかえ
reclassification adjustment fair value model	再分類調整公正価値モデル さいぶんるいちょうせいこうせいかちもでる
reclassification adjustments	再分類調整 / 組替調整額 さいぶんるいちょうせい / くみかえちょうせいがく
reclassified items	表示項目の組替え ひょうじこうもくのくみかえ
recognition	認識 / 計上 にんしき / けいじょう
recognition of revenues	収益の認識 しゅうえきのにんしき
recognition standards	認識基準 にんしききじゅん
record	記録 きろく
recourse loan	リコースローン りこーすろーん
recoverability	回復可能性 かいふくかのうせい
recovery costs	回収費用 かいしゅうひよう
recycling	リサイクリング / 組替調整 りさいくりんぐ / くみかえちょうせい
redeemable preference stock	償還可能優先株式 しょうかんかのうゆうせんかぶしき
redeemable preferred stock	償還請求権付優先株 しょうかんせいきゅうけんつきゆうせんかぶ
redemption	償還 しょうかん
redemption amount	償還金額 しょうかんきんがく
redemption date	償還日 しょうかんび
redemption of bonds	社債の償還 しゃさいのしょうかん
redemption premium	償還プレミアム しょうかんぷれみあむ

미수금 misugeum	其他应收款 qítāyīngshōukuǎn
경기후퇴 gyonggihutwe	经济衰退 jīngjìshuāitui
재분류 jaebulryu	重分类 zhòngfēnlèi
재분류조정공정가치모형 jaebulryujojonggongjonggachimohyong	公允价值模型重分类调整 gōngyǔnjiàzhímóxíngchóngfēnlèitiáozhěng
재분류조정 jaebulryujojong	重分类调整 chóngfēnlèitiáozhěng
표시항목의 재분류 pyosihangmoge jaebulryu	重分类项目 chóngfēnlèixiàngmù
인식 insik	确认 quèrèn
수익의 인식 suige insik	收入的确认 shōurùdequèrèn
인식기준 insikkkijun	确认标准 quèrènbiāozhǔn
기록 girok	记录 jìlù
무한 책임 (소구의무) 이 있는 대여금 muhan chaegimsoguuimui inneun daeyogeum	追索权贷款 zhuīsuǒquándàikuǎn
회수가능성 hwesuganeungssong	可恢复性 kěhuīfùxing
복구원가 bokkkuwonkka	收回成本 shōuhuíchéngběn
재순환 jaesunhwan	重分类调整 / 回收利用 zhòngfēnlèitiáozhěng/huíshōuliyòng
상환우선주 sanghwanusonju	可赎回优先股 kěshúhuíyōuxiāngǔ
상환우선주 sanghwanusonju	可赎回优先股 kěshúhuíyōuxiāngǔ
상환 sanghwan	偿还 / 赎回 chánghuán/shúhuí
상환 금액 sanghwan geumaek	赎回金额 shúhuijīné
상환일 sanghwannil	偿还日 chánghuánri
사채상환 sachaesanghwan	债券赎回 zhàiquànshúhuí
상환할증금 sanghwanhaljjeunggeum	赎回溢价 shúhuíyijià

redemption price	償還価格 しょうかんかかく
redundancies	余剰人員 よじょうじんいん
refinancing	借換え かりかえ
refinery corporation	製油会社 せいゆがいしゃ
refinery industry	製油業界 せいゆぎょうかい
refund	還付 かんぷ
refunding bonds	社債の借換え / 借換債 しゃさいのかりかえ / かりかえさい
registered bond	登録債 とうろくさい
registration fee	登記料 とうきりょう
registration fee	登録手数料 とうろくてすうりょう
registration license tax	登録免許税 とうろくめんきょぜい
regular lease payment	定期リース料 ていきりーすりょう
regulations	規制 きせい
regulatory agencies	規制当局 きせいとうきょく
regulatory assets	規制資産 きせいしさん
regulatory deferral account balance	規制繰延勘定残高 きせいくりのべかんじょうざんだか
regulatory liabilities	規制負債 きせいふさい
reinsurance assets	再保険資産 さいほけんしさん
reinsurer	再保険会社 さいほけんがいしゃ
related cost analysis	関連原価分析 かんれんげんかぶんせき
related expenses	関連費用 かんれんひよう

상환가격 sanghwangagyok	赎回价格 shúhuíjiàgé
잉여인원 ingyoinwon	人力资源冗余 rénlìzīyuánrǒngyú
차환 chahwan	再融资 zàiróngzī
정유사 jongyusa	炼油厂 liànyóuchǎng
정유업계 jongyuopkkye	炼油工业 liànyóugōngyè
환급 hwangeup	退款 tuìkuǎn
사채차환 sachaechahwan	调换债券 diàohuànzhàiquàn
기명식 사채 gimyongsik sachae	记名债券 jìmíngzhàiquàn
등기료 deunggiryo	注册费 zhùcèfèi
등록수수료 deungnokssusuryo	注册费 zhùcèfèi
등록면허세 deungnongmyonhose	注册许可税 ※同制度がなく日本語を直訳 zhùcèxǔkěshuì
정기리스료 jonggirisseuryo	定期租赁费 dìngqīzūlìnfèi
규제 gyuje	规则 / 规章 / 条例 guīzé/guīzhāng/tiáolì
감독기관 gamdokkkigwan	监管机构 jiānguǎnjīgòu
규제자산 gyujejasan	管制资产 guǎnzhìzīchǎn
규제이연계정잔액 gyujeiyongyejongjanaek	管制递延账户余额 guǎnzhìdìyánzhànghùyúé
규제부채 gyujebuchae	管制负债 guǎnzhìfùzhài
재보험자산 jaebohomjasan	再保险资产 zàibǎoxiǎnzīchǎn
재보험자 jaebohomja	再保险人 zàibǎoxiǎnrén
관련원가분석 gwalryonwonkkabunsok	关联成本分析 guānliánchéngběnfènxī
관련 비용 gwalryon biyong	关联费用 guānliánfèiyòng

related parties	関連当事者
	かんれんとうじしゃ
related party disclosures	関連当事者開示
	かんれんとうじしゃかいじ
related party transactions	関連当事者との取引
	かんれんとうじしゃとのとりひき
relevance	目的適合性 / 関連性
	もくてきてきごうせい / かんれんせい
relevant cost	関連原価
	かんれんげんか
reliability	信頼性
	しんらいせい
reload option	リロード・オプション
	りろーどおぷしょん
relocation expenses	移転費用
	いてんひよう
remeasurement	再測定
	さいそくてい
remeasurements of post-employment benefit obligations	退職後給付債務の再測定
	たいしょくごきゅうふさいむのさいそくてい
remittance advice	送金通知書
	そうきんつうちしょ
remuneration committee	報酬委員会
	ほうしゅういいんかい
renewal rights	更新権
	こうしんけん
rent	賃貸料
	ちんたいりょう
rental fee	賃借料
	ちんしゃくりょう
rental revenue	賃貸収益
	ちんたいしゅうえき
rental transactions	賃貸借取引
	ちんたいしゃくとりひき
reorganisations	組織再編
	そしきさいへん
repackaging	リパッケージ
	りぱっけーじ
repair allowance	修繕引当負債 / 修繕引当金
	しゅうぜんひきあてふさい / しゅうぜんひきあてきん
repairment maintenance expenses	修繕維持費
	しゅうぜんいじひ

특수관계자 teukssugwangyeja	关联方 guānliánfāng
특수관계자 공시 teukssugwangyeja gongsi	关联方披露 guānliánfāngpīlù
특수관계자거래 teukssugwangyejagorae	关联方交易 guānliánfāngjiāoyì
목적적합성 mokjjokjjokapssong	相关性 xiāngguānxìng
관련원가 gwalryonwonkka	相关成本 xiāngguānchéngběn
신뢰성 silrwaessong	可靠性 kěkàoxìng
재부여주식선택권 jaebuyojusikssontaekkkwon	再装期权 zàizhuāngqīquán
이전비용 ijonbiyong	搬迁费 bānqiānfèi
재측정 jaecheukjjong	再计量 zàijìliàng
퇴직후급여채무의 재측정 twejikugeubyochaemue jaecheukjjong	离职后福利义务的再计量 lízhíhòufúlìyìwùdezàijìliàng
송금통지서 songgeumtongjiso	汇款通知 huìkuǎntōngzhī
보수위원회 bosuwiwonhwe	薪酬委员会 xīnchóuwěiyuánhuì
갱신권 gaengsinkkwon	续期权 xùqīquán
임대료 imdaeryo	租金 zūjīn
임차료 imcharyo	租金 zūjīn
임대수익 imdaesuik	租赁收入 zūlìnshōurù
임대차거래 imdaechagorae	租赁交易 zūlìnjiāoyì
사업구조조정 saopkkujojojong	重组 chóngzǔ
재구성 jaegusong	重新包装 chóngxīnbāozhuāng
수선충당부채 / 수선충당금 susonchungdangbuchae/susonchungdanggeum	修缮准备 xiūshànzhǔnbèi
수선유지비 susonnyujibi	修理和维护费用 xiūlǐhéwéihùfèiyòng

R

repairs	修繕 しゅうぜん
repayment	返済 へんさい
repayment ability	返済能力 へんさいのうりょく
repayment obligation	返済義務 へんさいぎむ
replacement reward	代替報酬 だいたいほうしゅう
reportable segment	報告セグメント ほうこくせぐめんと
reporting currency	報告通貨 ほうこくつうか
representational faithfulness	表現の忠実性 ひょうげんのちゅうじつせい
repurchase agreement	買戻契約 かいもどしけいやく
repurchase transactions	レポ取引 れぽとりひき
reputational risk	レピュテーション・リスク れぴゅてーしょんりすく
required rate of return	要求収益率 ようきゅうしゅうえきりつ
requirements for transaction	取引要件 とりひきようけん
resale	再販売 さいはんばい
research and development (R&D)	研究開発 けんきゅうかいはつ
research and development expenses	研究開発費 けんきゅうかいはつひ
research and development investments	研究開発投資 けんきゅうかいはつとうし
research expenses	研究費 けんきゅうひ
researcher	研究員 けんきゅういん
reserves	積立金 つみたてきん
resident tax	住民税 じゅうみんぜい

수선 suson	修缮 xiūshàn
상환 sanghwan	偿还 chánghuán
상환능력 sanghwanneungnyok	还款能力 háikuǎnnénglì
상환의무 sanghwanuimu	还款义务 háikuǎnyìwù
대체보상 daechebosang	替代性报酬 tìdàixìngbàochóu
보고부문 bogobumun	报告分部 bàogàofēnbù
보고통화 bogotonghwa	记账本位币 jìzhàngběnwèibì
표현충실성 pyohyonchungsilssong	如实反映 rúshífǎnyìng
재매입약정 jaemaeimnyakjjong	回购协议 huígòuxiéyì
재매입거래 jaemaeipkkorae	回购交易 huígòujiāoyì
평판위험 pyongpanwihom	声誉风险 shēngyùfēngxiǎn
요구수익률 yogusuingnyul	期望收益率 qīwàngshōuyìlǜ
거래요건 goraeyokkon	交易条件 jiāoyìtiáojiàn
재판매 jaepanmae	转售 zhuǎnshòu
연구개발 yongugaebal	研究与开发 yánjiūyǔkāifā
연구개발비 yongugaebalbi	研发费用 yánfāfèiyòng
연구개발투자 yongugaebaltuja	研究与开发投资 yánjiūyǔkāifātóuzī
연구비 yongubi	研究费用 yánjiūfèiyòng
연구원 yonguwon	研究人员 yánjiūrényuán
적립금 jongnipkkeum	准备金 zhǔnbèijīn
주민세 juminsse	居民税 jūmínshuì

R

residual amount	残額 ざんがく
residual cost	残余原価 ざんよげんか
residual equity	残余持分 ざんよもちぶん
residual income valuation model	残余利益モデル ざんよりえきもでる
residual value	残存価値 / 残存価額 ざんぞんかち / ざんぞんかがく
residual value guarantee	残価保証 ざんかほしょう
resolution	決議 けつぎ
resolution at general meeting of shareholders	株主総会決議 かぶぬしそうかいけつぎ
resource allocation	資源配分 しきんはいぶん
resources	資源 しげん
responsibility	責任 せきにん
restatement	修正再表示 しゅうせいさいひょうじ
restoration	回復 かいふく
restoration costs	原状回復費用 げんじょうかいふくひよう
restricted cash	制限付預金 せいげんつきよきん
restricted shares	譲渡制限付株式 じょうとせいげんつきかぶしき
restructuring	リストラクチャリング りすとらくちゃりんぐ
restructuring costs	リストラクチャリング費用 りすとらくちゃりんぐひよう
restructuring provision	リストラクチャリング関連引当金 りすとらくちゃりんぐかんれんひきあてきん
results	成果 / 結果 せいか / けっか
retail business	小売業 こうりぎょう

잔액 janaek	余额 yúé
잔여원가 janyowonkka	剩余成本 shèngyúchéngběn
잔여지분 janyojibun	剩余权益 shèngyúquányì
초과이익평가모형 chogwaiikpyongkkamohyong	剩余收益估价模型 shèngyúshōuyìgūjiàmóxíng
잔존가치 janjongachi	余值 / 残值 yúzhí/cánzhí
잔존가치보증 janjongachibojeung	余值担保 / 残值担保 yúzhídānbǎo/cánzhídānbǎo
결의 gyori	决议 juéyì
주주총회 결의 jujuchonghwe gyori	股东大会决议 gǔdōngdàhuìjuéyì
자원배분 jawonbaebun	资源分配 zīyuánfēnpèi
자원 jawon	资源 zīyuán
책임 chaegim	责任 zérèn
재작성 jaejakssong	重述 chóngshù
회복 hwebok	修复 xiūfù
복구비용 bokkkubiyong	恢复成本 / 复原成本 huīfùchéngběn/fùyuánchéngběn
사용에 제약이 있는 현금 sayonge jeyagi inneun hyongeum	限制用途的现金 xiànzhìyòngtúdexiànjīn
이전제약이 있는 주식 ijonjeyagi inneun jusik	限制性股票 xiànzhìxìnggǔpiào
구조조정 gujojojong	结构调整 / 重组 jiégòutiáozhěng/chóngzǔ
구조조정비용 gujojojongbiyong	重组成本 chóngzǔchéngběn
구조조정충당부채 gujojojongchungdangbuchae	重组准备 chóngzǔzhǔnbèi
성과 / 결과 songkkwa/gyolgwa	成果 / 结果 chéngguǒ/jiēguǒ
소매업 somaeop	零售业 língshòuyè

R

retail chains	小売チェーンストア こうりちぇーんすとあ
retail method	売価還元法 ばいかかんげんほう
retail price index	小売物価指数 こうりぶっかしすう
retained earnings	内部留保 / 留保利益 ないぶりゅうほ / りゅうほりえき
retained earnings	利益剰余金 りえきじょうよきん
retained earnings after disposition of current income	既処分利益剰余金 きしょぶんりえきじょうよきん
retirement benefit	退職給付 たいしょくきゅうふ
retirement benefit plans	退職給付制度 たいしょくきゅうふせいど
retirement of treasury stock	自己株式の消却 じこかぶしきのしょうきゃく
retroactive approach	遡及法 そきゅうほう
retroactive classification	遡及分類 そきゅうぶんるい
retrospective application	遡及適用 そきゅうてきよう
retrospective application of accounting policy	会計方針の遡及適用 かいけいほうしんのそきゅうてきよう
retrospective restatement	遡及的修正再表示 そきゅうてきしゅうせいさいひょうじ
return on assets	総資産利益率 そうしさんりえきりつ
return on equity	自己資本利益率 じこしほんりえきりつ
return on investment	投資収益率 とうししゅうえきりつ
return on ordinary shareholders' equity	株主資本利益率 かぶぬししほんりえきりつ
return on plan assets	年金資産運用収益 ねんきんしさんうんようしゅうえき
return on total capital	総資本利益率 そうしほんりえきりつ

소매체인점 somaecheinjom	连锁店 liánsuǒdiàn
소매재고법 somaejaegoppop	零售价格法 língshòujiàgéfǎ
소매물가지수 somaemulkkajisu	零售物价指数 língshòuwùjiàzhǐshù
내부유보 / 유보이익 naebuyubo/yuboiik	留存收益 liúcúnshōuyì
이익잉여금 iingningyogeum	留存收益 liúcúnshōuyì
기처분이익잉여금 gichobunniingningyogeum	处置当期收入后的留存收益 chǔzhìdāngqīshōurùhòudeliúcúnshōuyì
퇴직급여 twejikkkeubyo	退休福利 / 离职后福利 tuìxiūfúlì/lízhíhòufúlì
퇴직급여제도 twejikkkeubyojedo	退休福利制度 tuìxiūfúlìzhìdù
자기주식 소각 jagijusik sogak	库存股注销 / 库藏股注销 kùcúngǔzhùxiāo/kùcánggǔzhùxiāo
소급법 sogeupppop	追溯法 zhuīsùfǎ
소급 분류 sogeup bulryu	追溯分类 zhuīsùfēnlèi
소급적용 sogeupjjogyong	追溯调整法 zhuīsùtiáozhěngfǎ
회계정책의 소급적용 hwegyejongchaege sogeupjjogyong	会计政策的追溯调整 kuàijìzhèngcèdezhuīsùtiáozhěng
소급재작성 sogeupjjaejakssong	追溯重述法 zhuīsùchóngshùfǎ
총자산이익률 chongjasanniingnyul	资产回报率 / 资产收益率 zīchǎnhuíbàolǜ/zīchǎnshōuyìlǜ
자기자본이익률 jagijabonniingnyul	权益回报率 / 所有者权益报酬率 / 净资产收益率 quányìhuíbàolǜ/suǒyǒuzhěquányìbàochóulǜ/ jìngzīchǎnshōuyìlǜ
투자수익률 tujasuingnyul	投资回报率 tóuzīhuíbàolǜ
보통주 자본금 대비 수익률 botongju jabongeum daebi suingnyul	所有者权益报酬率 / 普通股股东的权益回报 suǒyǒuzhěquányìbàochóulǜ/ pǔtōnggǔgǔdōngdequányì huíbào
사외적립자산의 수익 sawejongnipjjasane suik	养老金计划资产回报 yǎnglǎojīnjìhuàzīchǎnhuíbào
총자본이익률 chongjabonniingnyul	总资本回报率 zǒngzīběnhuíbàolǜ

R

revaluation gain or loss	再評価損益 さいひょうかそんえき
revaluation gain	再評価利益 さいひょうかりえき
revaluation model	再評価モデル さいひょうかもでる
revaluation surplus	再評価剰余金 さいひょうかじょうよきん
revenue	収益 しゅうえき
revenue expenditure	収益的支出 しゅうえきてきししゅつ
revenue from contracts with customers	顧客との契約から生じる収益 こきゃくとのけいやくからしょうじるしゅうえき
revenue model	収益モデル しゅうえきもでる
revenue recognition	収益認識 しゅうえきにんしき
revenue recognition standard	収益認識基準 しゅうえきにんしききじゅん
revenue stamp	収入印紙 しゅうにゅういんし
revenue-barter transactions involving advertising services	広告サービスを伴う収益バーター取引 こうこくさーびすをともなうしゅうえきばーたーとりひき
reversal of allowable debt	引当金戻入額 ひきあてきんもどしいれがく
reversal of allowance for doubtful accounts	貸倒引当金戻入 かしだおれひきあてきんもどしいれ
reversal of impairment loss	減損損失戻入 げんそんそんしつもどしいれ
reversal of share compensation expenses	株式報酬費用戻入 かぶしきほうしゅうひようもどしいれ
reverse acquisition	逆取得 ぎゃくしゅとく
reversing entry	反対仕訳 はんたいしわけ
rewards associated with a leased asset	リース資産の所有に伴う経済価値 りーすしさんのしょゆうにともなうけいざいかち
right	権利 けんり
right for liquidating dividend	清算分配権 せいさんぶんぱいけん

재평가손익 jaepyongkkasonik	重估收益或损失 chónggūshōuyihuòsǔnshī
재평가이익 jaepyongkkaiik	重估利得 chónggūlìdé
재평가모형 jaepyongkkamohyong	重估模型 chónggūmóxíng
재평가잉여금 jaepyongkkaingyogeum	重估价盈余 chónggūjiàyíngyú
수익 suik	收入 shōurù
수익적 지출 suikjjok jichul	收益性支出 shōuyìxìngzhīchū
고객과의 계약에서 생기는 수익 gogaekkkwae gyeyageso saenggineun suik	与客户之间的合同产生的收入 yǔkèhùzhījiāndehétongchǎnshēngdeshōurù
수익모델 suingmodel	盈利模式 yínglimóshì
수익인식 suingninsik	收入确认 shōurùquèrèn
수익인식기준 suingninsikkkijun	收入确认标准 shōurùquèrènbiāozhǔn
수입인지 suimninji	收入印花税 shōurùyìnhuāshuì
수익 : 광고용역의 교환거래 suik gwanggoyongyoge gyohwangorae	涉及广告服务的易货交易 shèjíguǎnggàofúwùdeyìhuòjiāoyì
충당부채환입액 chungdangbuchaehwannibaek	准备金转回额 / 可列支负债的转回 ※英語を直訳 zhǔnbèijīnzhuǎnhuié/kělièzhīfùzhàidezhuǎnhuí
대손충당금환입 daesonchung danggeumhwannip	坏账准备转回 huàizhàngzhǔnbèizhuǎnhuí
손상차손환입 sonsangchasonhwannip	减值损失转回 jiǎnzhísǔnshīzhuǎnhuí
주식보상비용환입 jusikpposangbiyonghwannip	股份支付费用的转回 gǔfènzhīfùfèiyòngdezhuǎnhuí
역취득 yokchwideuk	反向收购 fǎnxiàngshōugòu
역분개 yokppungae	转回分录 zhuǎnhuífēnlù
리스자산의 소유에 따른 보상 risseujasane soyue ttareun bosang	与租赁资产相关的报酬 yǔzūlìnzīchǎnxiāngguāndebàochóu
권리 gwolri	权利 quánlì
청산배당에 대한 권리 chongsanbaedange daehan gwolri	清算股利权 qīngsuàngǔliquán

right of first refusal	先買権 / 優先購入権 さきがいけん / ゆうせんこうにゅうけん
right of set-off	相殺権 そうさいけん
right to direct the use	使用指図権 しようさしずけん
right to explore	探索権 たんさくけん
right-of-use assets	使用権資産 しようけんしさん
risk	リスク / 危険性 りすく / きけんせい
risk assessment	リスク評価 りすくひょうか
risk exposure	リスク・エクスポージャー りすくえくすぽーじゃー
risk premium	リスク・プレミアム りすくぷれみあむ
risk-free interest rate	リスク・フリーレート りすくふりーれーと
risk-reward approach	リスク・経済価値アプローチ りすくけいざいかちあぷろーち
risks and rewards	リスクと経済価値 りすくとけいざいかち
risks and rewards of ownership	所有に伴うリスクと経済価値 しょゆうにともなうりすくとけいざいかち
risks of value fluctuation	価値変動リスク かちへんどうりすく
royalty	ロイヤルティ ろいやるてぃ
rule	規則 / 準則 きそく / じゅんそく
rules-based standards	細則主義会計基準 さいそくしゅぎかいけいきじゅん

– S –

sacrifice of economic benefits	経済的便益の犠牲 けいざいてきべんえきのぎせい
safe	金庫 きんこ

우선 재매입할 수 있는 권리 uson jaemaeipal ssu inneun gwolri	优先购买权 yōuxiāngòumǎiquán
상계의 권리 sanggyee gwolri	抵销权 dǐxiāoquán
사용을 지시할 권리 sayongeul jisihal gwolri	指导使用权 zhǐdǎoshǐyòngquán
탐사에 대한 권리 tamsae daehan gwolri	探矿权 tànkuàngquán
사용권자산 sayongkkwonjasan	使用权资产 shǐyòngquánzīchǎn
위험 / 위험성 wihom/wihomssong	风险 fēngxiǎn
위험평가 wihompyongkka	风险评估 fēngxiǎnpínggū
위험에 대한 노출 wihome daehan nochul	风险敞口 fēngxiǎnchǎngkǒu
위험 프리미엄 wihom peurimiom	风险溢价 fēngxiǎnyìjià
무위험이자율 muwihomnijayul	无风险利率 wúfēngxiǎnlìlǜ
위험보상접근법 wihombosangjopkkeunbop	风险报酬方法 fēngxiǎnbàochoufāngfǎ
위험과 보상 wihomgwa bosang	风险和回报 fēngxiǎnhéhuíbào
소유권에 따른 위험 및 보상 soyukkwone ttareun wihom mit bosang	所有权上的风险和报酬 suǒyǒuquánshàngdefēngxiǎnhébàochóu
가치변동위험 gachibyondongwihom	价值波动风险 jiàzhíbōdòngfēngxiǎn
로열티 royolti	版税 bǎnshuì
규칙 / 준칙 gyuchik/junchik	规则 guīzé
규칙중심 회계표준 gyuchikjjungsim hwegyepyojun	以规则为基础的会计准则 yǐguīzéwéijīchǔdekuàijizhǔnzé
경제적 효익의 희생 gyongjejok hyoige hisaeng	经济利益的转移 / 经济利益的牺牲 jīngjiliyidezhuǎnyí/jīngjiliyidexīshēng
금고 geumgo	保险柜 bǎoxiǎn guì

S

safety	安全性 あんぜんせい
safety analysis	安全性分析 あんぜんせいぶんせき
safety ratio	安全性比率 あんぜんせいひりつ
salaries payable	未払給料 みはらいきゅうりょう
salary	給料 / 給与 きゅうりょう / きゅうよ
salary growth rate	昇給率 しょうきゅうりつ
sale	販売 はんばい
sale and leaseback	セール・アンド・リースバック せーるあんどりーすばっく
sale of commodity with prize	景品付販売 けいひんつきはんばい
sale of goods transaction	物品販売取引 ぶっぴんはんばいとりひき
sale on credit	信用販売 しんようはんばい
sale on trial	試用販売 しようはんばい
sales	売上 うりあげ
sales activities	販売活動 はんばいかつどう
sales allowance	売上値引 うりあげねびき
sales amount	売上高 うりあげだか
sales amount	販売代金 はんばいだいきん
sales discount	売上割引 うりあげわりびき
sales growth rate	売上高増加率 うりあげだかぞうかりつ
sales invoice	売上請求書 うりあげせいきゅうしょ
sales journals	売上帳 うりあげちょう

안전성 anjonssong	安全性 ānquánxìng
안전성분석 anjonssongbunsok	安全性分析 ānquánxìngfēnxī
안전성비율 anjonssongbiyul	安全比 / 安全率 ānquánbǐ/ānquánlǜ
미지급임금 mijigeumnimgeum	应付工资 yìngfugōngzī
급여 geubyo	薪水 / 工资 xīnshuǐ/gōngzī
임금증가율 imgeumjeunggayul	工资增长率 gōngzīzēngzhǎnglǜ
판매 panmae	销售 xiāoshòu
판매후리스 panmaehurisseu	售后回租 shòuhòuhuízū
경품부판매 gyongpumbupanmae	有奖销售 yǒujiǎngxiāoshòu
재화판매거래 jaehwapanmaegorae	货物销售交易 huòwùxiāoshòujiāoyì
신용판매 sinyongpanmae	赊销 shēxiāo
시용판매 siyongpanmae	试销 shìxiāo
매출 maechul	销售收入 xiāoshòushōurù
판매활동 panmaehwalttong	销售活动 xiāoshòuhuódòng
매출에누리 maechurenuri	销售折让 xiāoshòuzhéràng
매출액 maechuraek	销售额 xiāoshòué
판매대금 panmaedaegeum	销售额 xiāoshòué
매출할인 maechulharin	销售现金折扣 xiāoshòuxiànjīnzhékòu
매출액증가율 maechuraekjjeunggayul	销售增长率 xiāoshòuzēngzhǎnglǜ
매출송장 maechulsongjang	销售发票 xiāoshòufāpiào
매출장 maechuljjang	销售日记账 xiāoshòurìjìzhàng

S

sales on credit	掛け販売 かけはんばい
sales rebate	売上割戻 うりあげわりもどし
sales receivables	売上債権 うりあげさいけん
sales return	売上戻り うりあげもどり
sales revenue	売上収益 うりあげしゅうえき
sales taxes	売上税 うりあげぜい
sales taxes payable	未払売上税 みはらいうりあげぜい
sales with return privileges	返品特約付きの販売 / 返品権付きの販売 へんぴんとくやくつきのはんばい / へんぴんけんつきのはんばい
sales-type lease	販売型リース はんばいがたりーす
salvage value	残存価額 ざんぞんかがく
sample	試供品 しきょうひん
Sarbanes-Oxley ACT	サーベンス - オクスリー法 /SOX 法 さーべんすおくすりーほう / そっくすほう
scale	規模 きぼ
secured borrowing	担保付借入 たんぽつきかりいれ
securities	有価証券 ゆうかしょうけん
securities analysis	証券分析 しょうけんぶんせき
Securities and Exchange Commission (SEC)	米国証券取引委員会 べいこくしょうけんとりひきいいんかい
securities brokerage company	証券会社 しょうけんがいしゃ
securities market	証券市場 しょうけんしじょう
securities under supervision/ stock placed on supervisory post for possible delisting	監理銘柄 かんりめいがら

외상판매 wesangpanmae	赊销 shēxiāo
매출 리베이트 maechul ribeiteu	销售商业折扣 xiāoshòushāngyèzhékòu
매출채권 maechulchaekkwon	应收账款 yīngshōuzhàngkuǎn
매출환입 maechulhwannip	销售退回 xiāoshòutuìhuí
매출수익 maechulsuik	销售收入 xiāoshòushōurù
판매세 panmaese	销售税 xiāoshòushuì
미지급판매세 mijigeuppanmaese	应付销售税 yìngfùxiāoshòushuì
반품가능판매 banpumganeungpanmae	可退货销售 kětuìhuòxiāoshòu
판매형리스 panmaehyongnisseu	销售式租赁 xiāoshòushìzūlìn
잔존가액 janjongaaek	残值 cánzhí
견본제품 gyonbonjepum	样品 yàngpǐn
사베인스 - 옥슬리법 sabeinseuoksseulribop	萨班斯 － 奥克斯利法 sàbānsī - àokèsīlìfǎ
규모 gyumo	规模 guīmó
담보부차입 dambobuchaip	担保借款 dānbǎojièkuǎn
유가증권 yukkajeungkkwon	有价证券 yǒujiàzhèngquàn
증권분석 jeungkkwonbunsok	证券分析 zhèngquànfēnxī
미국증권감독위원회 migukjjeungkkwongamdogwiwonhwe	美国证券交易委员会 měiguózhèngquànjiāoyìwěiyuánhuì
증권사 jeunggwonsa	证券经纪公司 zhèngquànjīngjìgōngsī
증권시장 jeungkkwonsijang	证券市场 zhèngquànshìchǎng
관리종목 gwalrijongmok	被列入监管名单可能面临退市的股票 bèilièrùjiānguǎnmíngdānkěnéngmiànlíntuìshìdegǔpiào ※監理銘柄を意訳

S

securitisation	証券化 しょうけんか
security analyst	証券アナリスト しょうけんあなりすと
segment information	セグメント情報 せぐめんとじょうほう
segment manager	部門管理者 ぶもんかんりしゃ
segment profit or loss	セグメント損益 せぐめんとそんえき
segment reporting	セグメント報告 せぐめんとほうこく
segment revenue	セグメント収益 せぐめんとしゅうえき
segregation of duties	業務分掌 ぎょうむぶんしょう
self-constructed asset	自家建設資産 じかけんせつしさん
self-insurance	自家保険 じかほけん
self-verification function	自己検証機能 じこけんしょうきのう
seller	売り手 うりて
selling and administrative expenses	販売費及び一般管理費 はんばいひおよびいっぱんかんりひ
selling expenses	販売費 はんばいひ
selling price	販売価格 はんばいかかく
semi-variable cost	準変動費 じゅんへんどうひ
sensitivity analysis	感応度分析 かんのうどぶんせき
separability	分離可能性 ぶんりかのうせい
separable assets	分離譲渡可能資産 ぶんりじょうとかのうしさん
separate performance obligation	別個の履行義務 べっこのりこうぎむ
separate taxation	分離課税 ぶんりかぜい

증권화 jeungkkwonhwa	证券化 zhèngquànhuà
증권분석가 jeungkkwonbunsokkka	证券分析师 zhèngquànfēnxīshī
부문정보 bumunjongbo	分部信息 fēnbùxìnxī
부문관리자 bumungwalrija	部门经理 bùménjīnglǐ
부문당기손익 bumundanggisonik	分部损益 fēnbùsǔnyì
부문보고 bumunbogo	分部报告 fēnbùbàogào
부문수익 bumunsuik	分部收入 fēnbùshōurù
업무분장 ommubunjang	职责划分 zhízéhuàfēn
자가건설한 자산 jagagonsolhan jasan	自建资产 zìjiànzīchǎn
자가보험 jagabohom	自我保险 zìwǒbǎoxiǎn
자기검증기능 jagigomjeunggineung	自我验证功能 zìwǒyànzhènggōngnéng
판매자 panmaeja	卖家 màijiā
판매비와관리비 panmaebiwagwalribi	销售和管理费用 xiāoshòuhéguǎnlǐfèiyòng
판매비 panmaebi	销售费用 xiāoshòufèiyòng
판매가격 panmaegagyok	售价 shòujià
준변동비 junbyondongbi	半变动成本 bànbiàndòngchéngběn
민감도 분석 mingamdo bunsok	敏感性分析 mǐngǎnxìngfēnxī
분리가능성 bulriganeungssong	可分性 kěfēnxìng
분리가능한 자산 bulriganeunghan jasan	可分离资产 kěfēnlízīchǎn
별도의 이행의무 byoltttoe ihaenguimu	单项履约义务 dānxiànglǚyuēyiwù
분리과세 bulrigwase	单独计税 dāndújìshuì

separate vehicle	別個のビークル
	べっこのびーくる
separation of ownership and management	所有と経営の分離
	しょゆうとけいえいのぶんり
serial bonds	連続償還社債
	れんぞくしょうかんしゃさい
service business	サービス業 / 役務提供事業
	さーびすぎょう / えきむていきょうじぎょう
service concession arrangement	サービス譲与契約
	さーびすじょうよけいやく
service contract amount	請負契約金額
	うけおいけいやくきんがく
service date	サービス提供日
	さーびすていきょうび
service industry	サービス業
	さーびすぎょう
service mark	サービスマーク / 役務商標
	さーびすまーく / えきむしょうひょう
service provision	役務提供
	えきむていきょう
service revenue	役務収益
	えきむしゅうえき
service-type warranties	サービス型製品保証
	さーびすがたせいひんほしょう
servicing asset	サービス資産 / 回収サービス業務資産
	さーびすしさん / かいしゅうさーびすぎょうむしさん
servicing costs	サービス提供コスト
	さーびすていきょうこすと
servicing liability	サービス負債 / 回収サービス業務負債
	さーびすふさい / かいしゅうさーびすぎょうむふさい
settlement	代金決済
	だいきんけっさい
settlement	手仕舞い
	てじまい
settlement date	決済日
	けっさいび
settlement of accounts	決算
	けっさん
settlement of books	帳簿締切
	ちょうぼしめきり
settlement provision	決済条件
	けっさいじょうけん

별도기구 byolttogigu	単独主体 dāndúzhǔtǐ
소유와 경영의 분리 soyuwa gyongyonge bulri	所有权和经营权分离 suǒyǒuquánhéjīngyíngquánfēnlí
연속상환사채 yonsokssanghwansachae	系列债券 xìlièzhàiquàn
서비스업 / 용역제공기업 ssobisseuop/yongyokjjegonggiop	服务业 fúwùyè
민간투자사업 mingantujasaop	特许服务权协议 tèxǔfúwùquánxiéyì
용역계약금액 yongyokkkyeyakkkeumaek	服务合同金额 fúwùhétongjīné
용역제공일 yongyokjjegongnil	服务日期 fúwùrìqī
용역업 yongyogop	服务业 fúwùyè
서비스 마크 ssobisseu makeu	服务商标 fúwùshāngbiāo
용역제공 yongyokjjegong	服务提供 fúwùtígōng
용역수익 yongyokssuik	服务收入 fúwùshōurù
용역 유형 보증 yongyok yuhyong bojeung	服务类型保证 fúwùlèixíngbǎozhèng
관리용역자산 gwalriyongyokjjasan	服务资产 fúwùzīchǎn
서비스원가 ssobisseuwonkka	服务成本 fúwùchéngběn
관리용역부채 gwalriyongyokppuchae	服务负债 / 维修责任 fúwùfùzhài/wéixiūzérèn
대금결제 daegeumgyoljje	结算 jiésuàn
청산 chongsan	清算 qīngsuàn
결제일 gyoljeil	结算日 / 交割日 jiésuànrì/jiāogērì
결산 gyolssan	结账 / 结算账目 jiézhàng/jiésuànzhàngmù
장부마감 jangbumagam	账簿结算 zhàngbùjiésuàn
결제조항 gyoljjejohang	结算条款 / 交割条款 jiésuàntiáokuǎn/jiāogētiáokuǎn

settlement value	決済額 けっさいがく
settling date	決算日 / 決済日 けっさんび / けっさいび
severally liable	個別責任 こべつせきにん
shadow accounting	シャドウ・アカウンティング ※業界固有の会計処理 しゃどうあかうんてぃんぐ
share appreciation rights (SAR)	株式増価受益権 かぶしきぞうかじゅえきけん
share buyback	自社株買い / 株式買戻 じしゃかぶがい / かぶしきかいもどし
share buy-back transaction costs	株式買戻取引コスト かぶしきかいもどしとりひきこすと
share call options	株式コールオプション かぶしきこーるおぷしょん
share capital	株式資本 かぶしきしほん
share certificate	株券 かぶけん
share compensation expenses	株式報酬費用 かぶしきほうしゅうひよう
share compensation plans	株式報酬制度 かぶしきほうしゅうせいど
share premiums	株式プレミアム かぶしきぷれみあむ
share warrant	株式買取請求権 かぶしきかいとりせいきゅうけん
share-based payments	株式報酬 かぶしきほうしゅう
shared equity lease/shared ownership lease	共有持分リース きょうゆうもちぶんりーす
shareholder	株主 かぶぬし
shareholder's equity	株主持分 / 株主資本 かぶぬしもちぶん / かぶぬししほん
shareholder's rights	株主権 かぶぬしけん
shipping	出荷 / 船積み しゅっか / ふなづみ
ships	船舶 せんぱく

이행가치 ihaenggachi	结算价值 jiésuànjiàzhí
결산일 gyolssannil	决算日 juésuànrì
개별적으로 책임 gaebyoljjogeuro chaegim	个别责任 / 负有个别责任的 gèbiézérèn/fùyǒugèbiézérènde
그림자회계 geurimjahwegye	影子会计 yǐngzikuàijì
주가차액보상권 jukkachaaekpposangkkwon	股票增值权 gǔpiàozēngzhíquán
자기주식 취득 jagijusik chwideuk	股票回购 gǔpiàohuígòu
자기주식거래비용 jagijusikkkoraebiyong	股票回购交易成本 gǔpiàohuígòujiāoyichéngběn
주식콜옵션 jusikkoropssyon	股票认购期权 gǔpiàorèngòuqīquán
주식자본 jusikjjabon	股本 gǔběn
주권 jukkwon	股份证书 gǔfènzhèngshū
주식보상비용 jusikpposangbiyong	股份支付费用 gǔfènzhīfùfèiyòng
주식보상계획 jusikpposanggyehwek	股权激励计划 gǔquánjīlìjìhuà
주식발행초과금 jusikppalhaengchogwageum	股本溢价 gǔběnyìjià
주식매입권 jusingmaeipkkwon	认股权证 rèngǔquánzhèng
주식기준보상 jusikkkijunbosang	股份支付 / 以股份为基础的支付 gǔfènzhīfù/yǐgǔfènwèijīchǔdezhīfù
공유지분리스 gongyujibulrisseu	共享股权租赁 gòngxiǎnggǔquánzūlìn
주주 juju	股东 gǔdōng
주주지분 jujujibun	股东权益 gǔdōngquányì
주주권 jujukkwon	股东权利 gǔdōngquánlì
출하 / 선적 chulha/sonjok	运输 / 装船 yùnshū/zhuāngchuán
선박 sonbak	船舶 chuánbó

S

short-term borrowings	短期借入金 たんきかりいれきん
short-term creditors	短期債権者 たんきさいけんしゃ
short-term debt	短期債務 たんきさいむ
short-term debt/short-term liabilities	短期負債 たんきふさい
short-term employee benefits	短期従業員給付 たんきじゅうぎょういんきゅうふ
short-term financial assets	短期金融資産 たんききんゆうしさん
short-term financial assets for trading purpose	短期売買金融資産 たんきばいばいきんゆうしさん
short-term financial instruments	短期金融商品 たんききんゆうしょうひん
short-term financial liabilities for trading purpose	短期売買金融負債 たんきばいばいきんゆうふさい
short-term financial market	短期金融市場 たんききんゆうしじょう
short-term funds	短期資金 たんきしきん
short-term incentive (STI) plan	短期インセンティブ（STI）制度 たんきいんせんてぃぶせいど
short-term investment assets	短期投資資産 たんきとうししさん
short-term investments	短期投資 たんきとうし
short-term lease	短期リース たんきりーす
short-term loans	短期貸付金 たんきかしつけきん
short-term notes receivable	短期受取手形 たんきうけとりてがた
short-term paid leave	短期有給休暇 たんきゆうきゅうきゅうか
short-term paper	短期手形 たんきてがた
short-term receivables	短期受取債権 たんきうけとりさいけん
short-term solvency	短期支払能力 たんきしはらいのうりょく

단기차입금 dangichaipkkeum	短期借款 duǎnqījièkuǎn
단기대여자 dangidaeyoja	短期债权人 duǎnqīzhàiquánrén
단기채무 dangichaemu	短期债务 duǎnqīzhàiwù
단기부채 dangibuchae	短期负债 duǎnqīfùzhài
단기종업원급여 dangijongobwongeubyo	短期员工福利 duǎnqīyuángōngfúlì
단기금융자산 dangigeumyungjasan	短期金融资产 duǎnqījīnróngzīchǎn
단기매매금융자산 dangimaemaegeumyungjasan	短期交易性金融资产 duǎnqījiāoyìxìngjīnróngzīchǎn
단기금융상품 dangigeumyungsangpum	短期金融工具 duǎnqījīnrónggōngjù
단기매매금융부채 dangimaemaegeumyungbuchae	短期交易性金融负债 duǎnqījiāoyìxìngjīnróngfùzhài
단기금융시장 dangigeumnyongsijang	短期金融市场 duǎnqījīnróngshìchǎng
단기자금 dangijageum	短期资金 duǎnqīzījīn
단기인센티브제도 dangiinsentibeujedo	短期激励计划 duǎnqījīlìjihuà
단기투자자산 dangitujajasan	短期投资资产 duǎnqītóuzīzīchǎn
단기투자 dangituja	短期投资 duǎnqītóuzī
단기리스 dangirisseu	短期租赁 duǎnqīzūlìn
단기대여금 dangidaeyogeum	短期贷款 duǎnqīdàikuǎn
단기받을어음 dangibadeuroeum	短期应收票据 duǎnqīyīngshōupiàojù
단기유급휴가 dangiyugeupyuga	短期带薪假期 duǎnqīdàixīnjiàqī
단기채권 dangichaekkwon	短期票据 duǎnqīpiàojù
단기수취채권 dangisuchwichaekkwon	短期应收账款 duǎnqīyīngshōuzhàngkuǎn
단기적지급능력 dangijokjjigeumneungnyok	短期偿债能力 duǎnqīchángzhàinénglì

sick company	不良企業
	ふりょうきぎょう
significant doubt	重大な疑義
	じゅうだいなぎぎ
significant financing component	重大な金融要素
	じゅうだいなきんゆうようそ
significant influence	重大な影響
	じゅうだいなえいきょう
significant influential power	重大な影響力
	じゅうだいなえいきょうりょく
significant risks	重大なリスク
	じゅうだいなりすく
simple interest	単利
	たんり
single product enterprise	単一製品企業
	たんいつせいひんきぎょう
single-entry bookkeeping	単式簿記
	たんしきぼき
sinking fund	減債基金
	げんさいききん
sinking fund bond	減債基金付社債
	げんさいききんつきしゃさい
sinking-fund reserve	減債積立金
	げんさいつみたてきん
size of economy	経済規模
	けいざいきぼ
small- and medium-sized entities (SMEs)	中小企業
	ちゅうしょうきぎょう
social security	社会保障
	しゃかいほしょう
social security contribution	社会保障負担
	しゃかいほしょうふたん
socially responsible investment (SRI)	社会的責任投資
	しゃかいてきせきにんとうし
software	ソフトウェア
	そふとうぇあ
software development costs	ソフトウェア開発費
	そふとうぇあかいはつひ
solo proprietor	個人事業主
	こじんじぎょうぬし
solvency	支払能力
	しはらいのうりょく

부실기업 busilgiop	不良企业 bùliángqǐyè
중대한 의문 jungdaehan uimun	重大疑义 zhòngdàyíyì
유의적인 금융요소 yuijogin geumyungnyoso	重大融资成分 zhòngdàróngzīchéngfèn
중대한 영향력 jungdaehan yonghyangnyok	重大影响 zhòngdàyǐngxiǎng
유의적인 영향력 yuijogin yonghyangnyok	重大影响力 zhòngdàyǐngxiǎnglì
중요한 위험 jungyohan wihom	重大风险 zhòngdàfēngxiǎn
단리 dalri	单利 dānlì
단일품목생산 기업 danilpummokssaengsan giop	单一产品企业 dānyīchǎnpǐnqǐyè
단식부기 dansikppugi	单式记账法 dānshìjìzhàngfǎ
감채기금 gamchaegigeum	偿债基金 chángzhàijījīn
감채기금사채 gamchaegigeumsachae	偿债基金债券 chángzhàijījīnzhàiquàn
감채적립금 gamchaejongnipkkeum	偿债基金储备 chángzhàijījīnchǔbèi
경제규모 gyongjegyumo	经济规模 jīngjìguīmó
중소기업 jungsogiop	中小企业 zhōngxiǎoqǐyè
사회보장 sahwebojang	社会保险 shèhuìbǎoxiǎn
사회보장분담금 sahwebojangbundamgeum	社会保险缴款 shèhuìbǎoxiǎnjiǎokuǎn
사회적책임투자 sahwejok chaegimi inneun tuja	社会责任投资 shèhuìzérèntóuzī
소프트웨어 ssopeuteuwaeo	软件 ruǎnjiàn
소프트웨어개발비 ssopeuteuwaeogaebalbi	软件开发成本 ruǎnjiànkāifāchéngběn
개인사업자 gaeinsaopjja	独资经营者 dúzījīngyíngzhě
지급능력 jigeumneungnyok	偿债能力 chángzhàinénglì

S

solvency of debt	債務支払能力 さいむしはらいのうりょく
soundness	健全性 けんぜんせい
source of financing	資金調達源泉 しきんちょうたつげんせん
special construction	特殊建設 とくしゅけんせつ
special journal	特殊仕訳帳 とくしゅしわけちょう
special purpose company (SPC)	特別目的会社 とくべつもくてきがいしゃ
special purpose entity (SPE)	特別目的事業体 とくべつもくてきじぎょうたい
special purpose tax	目的税 もくてきぜい
specific identification method	個別法 こべつほう
speculation	投機 とうき
speculative grade	投機的格付け とうきてきかくづけ
spin-off	スピンオフ / 会社分割 すぴんおふ / かいしゃぶんかつ
split accounting	会社分割の会計 かいしゃぶんかつのかいけい
spot exchange rate	直物為替レート じきものかわせれーと
spot foreign exchange risk	直物外国為替リスク じきものがいこくかわせりすく
stability	安定性 あんていせい
stakeholder	ステークホルダー / 利害関係者 すてーくほるだー / りがいかんけいしゃ
stamp duty	印紙税 いんしぜい
stand-alone basis	独立採算制 どくりつさいさんせい
stand-alone selling price	独立販売価格 どくりつはんばいかかく
standard	基準 きじゅん

S

채무지급능력 chaemujigeumneungnyok	偿债能力 chángzhàinénglì
건전성 gonjonsong	稳定性 wěndìngxìng
자금조달원천 jageumjodarwonchon	融资渠道 róngzīqúdào
특수건설 teukssugonsol	特殊工程 tèshūgōngchéng
특수분개장 teukssubungaejang	特种日记账 tèzhǒngrìjìzhàng
특수목적기업 teukssumokjjokkiop	特殊目的公司 tèshūmùdìgōngsī
특수목적기업 teukssumokjjokkiop	特殊目的实体 tèshūmùdìshítǐ
목적세 mokjjoksse	特殊用途税 tèshūyòngtúshuì
개별법 gaebyolppop	个别辨认法 gèbiébiànrènfǎ
투기 tugi	投机 tóujī
투기등급 tugideunggeup	投机级别 tóujījíbié
기업분할 gioppunhal	企业分立 qǐyèfēnlì
기업분할회계 gioppunhalhwegye	公司分立会计 gōngsīfēnlìkuàiji
현물환율 hyonmulhwanyul	即期汇率 jíqīhuìlǜ
현물환위험 hyonmulhwanwihom	即期外汇风险 jíqīwàihuìfēngxiǎn
안정성 anjongssong	稳定性 wěndìngxìng
이해관계자 ihaegwangyeja	利益相关者 lìyìxiāngguānzhě
인지세 injisse	印花税 yìnhuāshuì
독립적인 기준 dongnipjjogin gijun	独立核算制 dúlìhésuànzhì
개별 판매가격 gaebyol panmaegagyok	单独售价 dāndúshòujià
기준 gijun	准则／标准 zhǔnzé/biāozhǔn

standard cost	標準原価 ひょうじゅんげんか
standard cost method	標準原価法 ひょうじゅんげんかほう
stand-by credit facilities	スタンドバイ・クレジット・ファシリティ すたんどばいくれじっとふぁしりてぃ
start-up costs	開業費 かいぎょうひ
start-up supporting service fee	創業支援役務手数料 そうぎょうしえんえきむてすうりょう
state-controlled entities	国営企業 こくえいきぎょう
stated interest rate	約定金利 やくじょうきんり
stated value	表示価格 / 額面金額 ひょうじかかく / がくめんきんがく
statement of cash flows	キャッシュ・フロー計算書 きゃっしゅふろーけいさんしょ
statement of changes in equity	持分変動計算書 もちぶんへんどうけいさんしょ
statement of comprehensive income	包括利益計算書 ほうかつりえきけいさんしょ
statement of financial position	財政状態計算書 ざいせいじょうたいけいさんしょ
statement of profit or loss	純損益計算書 ※二計算書方式 じゅんそんえきけいさんしょ
statement of profit or loss and other comprehensive income	損益及び包括利益計算書 そんえきおよびほうかつりえきけいさんしょ
statement of shareholder's equity	株主資本等変動計算書 かぶぬししほんとうへんどうけいさんしょ
statutory capital	法定資本 ほうていしほん
statutory capital amount	法定資本金 ほうてきしほんきん
statutory reserve	法定積立金 ほうていつみたてきん
stewardship	受託責任 じゅたくせきにん
stewardship of management	経営者の受託責任 けいえいしゃのじゅたくせきにん

표준원가 pyojunwonkka	标准成本 biāozhǔnchéngběn
표준원가법 pyojunwonkkappop	标准成本法 biāozhǔnchéngběnfǎ
보증신용한도약정 bojeungsinyonghandoyakjjong	备用信贷安排方式 bèiyòngxìndàiānpáifāngshì
개시원가 / 사업개시원가 gaesiwonkka/saopkkaesiwonkka	启动成本 / 开办费 qǐdòngchéngběn/kāibànfèi
창업지원용역 수수료 changopjjiwonnyongyok susuryo	创业支持服务费 / 创业配套服务费 chuàngyè zhīchí fúwùfèi/chuàngyè pèitào fúwùfèi
국영기업 gugyonggiop	国有企业 guóyǒuqǐyè
명시이자율 myongsiijayul	设定利率 / 票面利率 shèdìnglìlǜ/piàomiànlìlǜ
명시된 가치 myongsidwen gachi	标价 / 设定价值 biāojià/shèdìngjiàzhí
현금흐름표 hyongeumheureumpyo	现金流量表 xiànjīnliúliàngbiǎo
자본변동표 jabonbyondongpyo	权益变动表 quányì biàndòngbiǎo
포괄손익계산서 pogwalsonikkkyesanso	综合收益表 zōnghéshōuyìbiǎo
재무상태표 jaemusangtaepyo	财务状况表 cáiwùzhuàngkuàngbiǎo
손익계산서 sonikkkyesanso	利润表 lìrùnbiǎo
손익과기타포괄손익계산서 sonikkkwagitapogwalsonikkkyesanso	损益和其他综合收益表 sǔnyìhéqítāzōnghéshōuyìbiǎo
자본변동표 jabonbyondongpyo	所有者权益变动表 / 股东权益变动表 suǒyǒuzhě quányì biàndòngbiǎo/ gǔdōng quányì biàndòngbiǎo
법정자본 bopjjongjabon	法定资本 fǎdìngzīběn
법정자본금 bopjjongjabongeum	法定资本金 fǎdìngzīběnjīn
법정적립금 bopjjongjongnipkkeum	法定公积金 / 法定储备金 fǎdìnggōngjījīn/fǎdìngchúbèijīn
수탁책임 sutakchaegim	受托责任 shòutuōzérèn
경영진의 수탁책임 gyongyongjine sutakchaegim	管理层的监管责任 guǎnlǐcéngdejiānguǎnzérèn

S

stock	株式 かぶしき
stock book	商品有高帳 しょうひんありだかちょう
stock company	株式会社 かぶしきがいしゃ
stock consolidation	株式併合 かぶしきへいごう
stock dividend	株式配当 かぶしきはいとう
stock exchange listing	株式上場 かぶしきじょうじょう
stock investment	株式投資 かぶしきとうし
stock investor	株式投資者 かぶしきとうししゃ
stock issuance cost	新株発行費 / 株式交付費 しんかぶはっこうひ / かぶしきこうふひ
stock issuing company	株券発行会社 かぶけんはっこうがいしゃ
stock market	株式市場 かぶしきしじょう
stock option	ストック・オプション / 株式購入選択権 / 自社株購入権 すとっくおぷしょん / かぶしきこうにゅうせんたくけん / じしゃかぶこうにゅうけん
stock option plan	ストック・オプション制度 すとっくおぷしょんせいど
stock price	株価 かぶか
stock split	株式分割 かぶしきぶんかつ
stocktaking	実地棚卸 じっちたなおろし
stop-loss	ストップロス / 損切り すとっぷろす / そんぎり
stores	貯蔵品 ちょぞうひん
straight-line method	定額法 ていがくほう
strategic steering committee	戦略運営委員会 せんりゃくうんえいいいんかい

주식 jusik	股票 gǔpiào
상품재고장 sangpumjaegojang	库存账 kùcúnzhàng
주식회사 jusikwesa	股份公司 gǔfèngōngsī
주식병합 jusikppyonghap	股票合并 gǔpiàohébìng
주식배당 jusikppaedang	股票派息 gǔpiàopàixī
증권거래소에 상장 jeungkkwongoraesoe sangjjang	证券交易所上市 zhèngquànjiāoyisuǒshàngshì
지분투자 jibuntuja	股票投资 gǔpiàotóuzī
주식투자자 jusiktujaja	股票投资者 gǔpiàotóuzīzhě
신주발행비 / 주식발행비 sinjubalhaengbi/jusikppalhaengbi	新股发行成本 / 股票发行成本 xīngǔfāxíngchéngběn/gǔpiàofāxíngchéngběn
주식발행회사 jusikppalhaenghwesa	股票发行公司 gǔpiàofāxínggōngsī
주식시장 jusikssijang	股票市场 gǔpiàoshìchǎng
주식옵션 / 주식매수선택권 jusigopssyon/jusingmaesusontaekkkwon	股票期权 gǔpiàoqīquán
주식선택권제도 jusikssontaekkkwonjedo	股票期权计划 gǔpiàoqīquánjihuà
주가 jukka	股价 gǔjià
주식분할 jusikppunhal	股票分割 gǔpiàofēngē
재고실사 jaegosilssa	库存盘点 kùcúnpándiǎn
초과손해액 chogwasonhaeaek	止损 / 斩仓 zhǐsǔn/zhǎncāng
저장품 jojangpum	备用品 bèiyòngpǐn
정액법 jongaekppop	直线法 zhíxiànfǎ
전략운영위원회 jolryagunyongwiwonhwe	战略指导委员会 zhànlüèzhǐdǎowěiyuánhuì

S

strategy	戦略 せんりゃく
stress test	ストレステスト すとれすてすと
stripping activity asset	剥土活動資産 はくどかつどうしさん
stripping costs	剥土費用 はくどひよう
structured entity	組成された企業 そせいされたきぎょう
subjectivity	主観性 しゅかんせい
sublease	転貸リース てんたいりーす
subordinate company	従属会社 じゅうぞくがいしゃ
subscription	会費 / 定期課金 / 継続課金 かいひ / ていきかきん / けいぞくかきん
subscription business	サブスクリプションビジネス / サブスクビジネス さぶすくりぷしょんびじねす / さぶすくびじねす
subsequent measurement	事後測定 じごそくてい
subsidiary	子会社 こがいしゃ
subsidiary ledger	補助元帳 ほじょもとちょう
subsidies	補助金 ほじょきん
substance over form	経済的実質主義 けいざいてきじっしつしゅぎ
substantial capital increase	実質的増資 じっしつてきぞうし
substantial capital reduction	実質的減資 じっしつてきげんし
subtotal	小計 しょうけい
sum	合計 ごうけい
sum-of-the-years' digits method	級数法 きゅうすうほう
sunk cost	埋没原価 まいぼつげんか

전략	战略
jolryak	zhànlüè
위기상황분석	压力测试
wigisanghwangbunsok	yālìcèshì
박토활동자산	剥采活动资产
baktohwalttongjasan	bāocǎihuódòngzīchǎn
박토원가	剥采成本
baktowonkka	bāocǎichéngběn
구조화기업	结构化实体
gujohwagiop	jiégòuhuàshítǐ
주관성	主观性
jugwanssong	zhǔguānxìng
전대리스	转租
jondaerisseu	zhuǎnzū
종속회사	下属公司
jongsokwesa	xiàshǔgōngsī
회비 / 정기과금	会费 / 订阅费 / 用户费
hwebi/jonggigwageum	huìfèi/dìngyuèfèi/yònghùfèi
구독사업	认购业务
gudogsaeob	rèngòuyèwù
후속측정	后续计量
husokcheukjjong	hòuxùjìliàng
자회사	子公司
jahwesa	zǐgōngsī
보조원장	明细分类账
bojowonjang	míngxìfēnlèizhàng
보조금	补贴
bojogeum	bǔtiē
형식보다 실질의 우선	实质重于形式
hyongsikppoda siljjire uson	shízhìzhòngyúxíngshì
실질적 증자	实质增资
siljjiljjok jeungja	shízhìzēngzī
실질적 감자	实质减资
siljjiljjok gamja	shízhìjiǎnzī
소계	小计
sogye	xiǎojì
합계	总额
hapkkye	zǒngé
연수합계법	年数总和法
yonsuhapkkyeppop	niánshùzǒnghéfǎ
매몰원가	沉没成本
maemorwonkka	chénmòchéngběn

superannuation	老齢年金 ろうれいねんきん
supplementary information	補足情報 ほそくじょうほう
supplier	供給者 きょうきゅうしゃ
supplies	消耗品 しょうもうひん
supplies expenses	消耗品費 しょうもうひんひ
supply	供給 きょうきゅう
surety bonds	保証証券 ほしょうしょうけん
surface mining operations	露天掘事業 ろてんぼりじぎょう
surrender option	解約返戻金受取選択権 かいやくへんれいきんうけとりせんたくけん
surrender risk	解約返戻金受取リスク かいやくへんれいきんうけとりりすく
surrogate measure	代用尺度 だいようしゃくど
sustainable development goals (SDGs)	持続可能な開発目標 じぞくかのうなかいはつもくひょう
sustainability	サステナビリティ / 持続可能性 さすてなびりてぃ / じぞくかのうせい
sustainability report	サステナビリティ報告書 / 持続可能性報告書 さすてなびりてぃほうこくしょ / じぞくかのうせいほうこくしょ
swap contract	スワップ契約 すわっぷけいやく
swaption	スワプション すわぷしょん
syndication	シンジケート化 しんじけーとか
synergies	相乗効果 そうじょうこうか
synergy effect	シナジー効果 しなじーこうか
systematic and reasonable method	体系的かつ合理的方法 たいけいてきかつごうりてきほうほう

노령연금 noryongnyongeum	退休金 tuìxiūjīn
보충적 정보 bochungjok jongbo	补充信息 bǔchōngxìnxī
공급자 gonggeupjja	供货商 gōnghuòshāng
소모품 somopum	消耗品 xiāohàopǐn
소모품비 somopumbi	易耗品费用 yìhàopǐnfèiyòng
공급 gonggeup	供应 gōngyìng
채무보증 chaemubojeung	确实保证保险 / 履约保证 quèshíbǎozhèngbǎoxiǎn/lǚyuēbǎozhèng
노천채광작업 nochonchaegwangjagop	露天采矿作业 lùtiāncǎikuàngzuòyè
해약옵션 haeyagopssyon	解约选择权 jiěyuēxuǎnzéquán
해약위험 haeyagwihom	退保风险 tuìbǎofēngxiǎn
대용치 daeyongchi	替代指标 tìdàizhǐbiāo
지속 가능한 개발 목표 jisok ganeunghan gaebal mokpyo	可持续发展目标 kě chíxù fāzhǎn mùbiāo
지속가능성 jisokkkaneungssong	可持续性 kěchíxùxìng
지속가능성 보고서 jisokkkaneungssong bogoso	可持续发展报告 kěchíxùfāzhǎnbàogào
스왑계약 seuwapkkyeyak	掉期合约 diàoqīhéyuē
스왑선 seuwapssyon	掉期期权 diàoqīqīquán
신디케이트 sindikeiteu	辛迪加组织 xīndíjiāzǔzhī
시너지효과 sinojihyokkwa	协同效应 xiétóngxiàoyìng
시너지효과 sinojihyokkwa	协同效应 xiétóngxiàoyìng
체계적이고 합리적인 방법 chegyejogigo hamnijogin bangbop	系统合理的方法 xìtǒnghélǐdefāngfǎ

S

– T –

T-account	T勘定 てぃーかんじょう
take-or-pay contract	テイク・オア・ペイ契約 ていくおあぺいけいやく
tangible assets	有形資産 ゆうけいしさん
tangible fixed asset	有形固定資産 ゆうけいこていしさん
target production	目標生産量 もくひょうせいさんりょう
target profit	目標利益 もくひょうりえき
target sales quantity/target sales	目標販売量 / 目標売上高 もくひょうはんばいりょう / もくひょううりあげだか
task	業務 / 課業 / 任務 ぎょうむ / かぎょう / にんむ
tax accounting	税務会計 ぜいむかいけい
tax and public dues	租税公課 そぜいこうか
tax credit	税額控除 ぜいがくこうじょ
tax effect	税効果 ぜいこうか
tax expenses	税金費用 ぜいきんひよう
tax incentives	税制上の優遇措置 ぜいせいじょうのゆうぐうそち
tax jurisdiction	税務管轄権 ぜいむかんかつけん
tax liability	税金負債 ぜいきんふさい
tax obligation	納税義務 のうぜいぎむ
tax payables	未払税金 みはらいぜいきん
tax purposes	課税目的 かぜいもくてき

T 계정 ti gyejong	T 账户 Tzhànghù
의무인수계약 uimuinsugyeyak	照付不议合同 zhàofùbùyìhétong
유형자산 yuhyongjasan	有形资产 yǒuxíngzīchǎn
유형고정자산 yuhyonggojongjasan	有形固定资产 yǒuxínggùdìngzīchǎn
목표생산량 mokpyosaengsannyang	目标产量 mùbiāochǎnliàng
목표이익 mokpyoiik	目标利润 mùbiāolìrùn
목표판매량 / 목표 매출액 mokpyopanmaeryang/mokpyo maechuraek	目标销量 mùbiāoxiāoliàng
업무 / 과업 ommu/gwaop	任务 / 工作 rènwù/gōngzuò
세무회계 semuhwegye	税务会计 shuìwùkuàiji
제세 공과금 jese gongkkwageum	税收和公共费 shuìshōuhégōnggòngfèi
세액공제 seaekkkongje	税收抵免 shuìshōudǐmiǎn
세금효과 segeumhyokkwa	课税影响 kèshuìyǐngxiǎng
세금비용 segeumbiyong	税费 shuìfèi
세제상의 우대조치 sejesange udaejochi	税收优惠 shuìshōuyōuhuì
조세관할권 josegwanhalkkwon	税收管辖权 shuìshōuguǎnxiáquán
법인세부채 bobinssebuchae	所得税负债 suǒdéshuìfùzhài
납세의무 napsseuimu	纳税义务 nàshuìyìwù
미지급세금 mijigeupssegeum	应付税金 yìngfushuìjīn
세금목적 segeummokjjok	税收目的 shuìshōumùdì

T

tax rate	税率 ぜいりつ
tax receivables	未収税金 みしゅうぜいきん
tax resources	税源 ぜいげん
tax return	確定申告 / 納税申告書 かくていしんこく / のうぜいしんこくしょ
tax savings	節税 せつぜい
tax shield	負債の節税効果 ふさいのせつぜいこうか
tax	税金 ぜいきん
taxable basis	課税標準 かぜいひょうじゅん
taxable entity	納税主体 のうぜいしゅたい
taxable income	課税所得 かぜいしょとく
taxable object	課税対象 かぜいたいしょう
taxable temporary difference	将来加算一時差異 しょうらいかさんいちじさい
taxation	課税 かぜい
taxation method	課税方法 かぜいほうほう
tax-deductible amount	控除免除額 こうじょめんじょがく
taxing authorities	課税当局 かぜいとうきょく
taxpayer	納税者 のうぜいしゃ
technical innovation	技術革新 ぎじゅつかくしん
technology	技術 ぎじゅつ
temporary account	仮勘定 かりかんじょう
temporary difference	一時差異 いちじさい

세율 seyul	税率 shuìlǜ
미수세금 misusegeum	应收税款 yīngshōushuìkuǎn
세원 sewon	税收资源 shuìshōuzīyuán
소득세신고 sodeukssesingo	纳税申报 nàshuìshēnbào
절세효과 jolsehyokkwa	节税 jiéshuì
부채의 법인세 절감효과 buchaee bobinsse jolgamhyokkwa	税盾效应 shuìdùnxiàoyìng
세금 segeum	税金 shuìjīn
과세표준 gwasepyojun	计税基础 jìshuìjīchǔ
납세 주체 napsse juche	纳税主体 nàshuìzhǔtǐ
과세소득 gwasesodeuk	应纳税所得 yīngnàshuìsuǒdé
과세대상 gwasedaesang	征税对象 zhēngshuìduìxiàng
가산할 일시적 차이 gasanhal ilsijok chai	应纳税暂时性差异 yīngnàshuìzànshíxìngchāyì
과세 gwase	征税 zhēngshuì
과세방법 gwasebangbop	计税方法 jìshuìfāngfǎ
소득공제액 sodeukkkongjeaek	扣除税额 kòuchúshuìé
세무당국 semudangguk	税务机关 shuìwùjīguān
납세자 napsseja	纳税人 nàshuìrén
기술혁신 gisulhyokssin	技术创新 jìshùchuàngxīn
기술 gisul	技术 jìshù
임시계정 imsigyejong	临时账户 línshízhànghù
일시적 차이 ilsijok chai	暂时性差异 zànshíxìngchāyì

T

temporary worker	一時雇用者 いちじこようしゃ
tenancy deposit	敷金 しききん
tender offer	株式公開買付 かぶしきこうかいかいつけ
term bonds	一括償還社債（債券）/ 定時償還社債（債券） いっかつしょうかんしゃさい（さいけん）/ ていじしょうかんしゃさい（さいけん）
terminal yield	最終利回り さいしゅうりまわり
termination benefits	解雇給付 かいこきゅうふ
terms and conditions	契約条件 けいやくじょうけん
terms of service provision	役務提供条件 えきむていきょうじょうけん
theoretical ex-rights value per share	一株当たり権利落ち理論価格 ひとかぶあたりけんりおちりろんかかく
third-party credit enhancements	第三者による信用補完 だいさんしゃによるしんようほかん
time lapse	時間の経過 / タイムラプス じかんのけいか / たいむらぷす
time value	時間価値 じかんかち
time value of money	貨幣の時間価値 かへいのじかんかち
timeliness	適時性 てきじせい
times interest earned ratio	利息負担倍率 りそくふたんばいりつ
time-weighting factor	期間按分係数 きかんあんぶんけいすう
timing difference	期間差異 きかんさい
tobacco consumption tax	たばこ消費税 たばこしょうひぜい
tool manufacturing department	工具事業部門 こうぐじぎょうぶもん
total amount	総額 そうがく

임시직 근로자 imsijik geulroja	临时工 línshígōng
전세보증금 jonsebojeunggeum	租赁押金 zūlìnyājīn
공개매수 gonggaemaesu	投标报价 tóubiāobàojià
일시상환사채 ilssisanghwansachae	定期债券 dìngqīzhàiquàn
최종수익률 chwejongsuingnyul	最终收益率 zuìzhōngshōuyìlǜ
해고급여 haegogeubyo	辞退福利 cítuìfúlì
계약조건 gyeyakjjokkon	条款 tiáokuǎn
용역제공조건 yongyokjjegongjokkon	服务条款 fúwùtiáokuǎn
권리행사 후의 이론적 주당공정가치 gwolrihaengsa hue ironjok judanggongjonggachi	每股理论除权价格 měigǔlǐlùnchúquánjiàgé
제 3 자에 의한 신용보증 jesamjae uihan sinyongbojung	外部信用增级 wàibùxìnyòngzēngjí
시간의경과 siganuigyonggwa	时滞 shízhì
시간가치 sigangachi	时间价值 shíjiānjiàzhí
화폐의 시간가치 hwapyee sigangachi	货币的时间价值 huòbìdeshíjiānjiàzhí
적시성 jokssisong	及时性 jíshíxìng
이자보상배수 ijabosangbaesu	利息保障倍数 lìxībǎozhàngbèishù
유통기간에 따른 가중치 yutonggigane ttareun gajungchi	时间加权因子 shíjiānjiāquányīnzǐ
시점차이 sijjomchai	时间性差异 shíjiānxìngchāyì
담배소비세 dambaesobisse	烟草消费税 yāncǎoxiāofèishuì
공구사업부문 gonggusaopppumun	工具制造部门 gōngjùzhìzàobùmén
총액 chongake	总金额 zǒngjīné

total assets growth rate	総資産増加率 / 総資産成長率 そうしさんぞうかりつ / そうしさんせいちょうりつ
total average method	総平均法 そうへいきんほう
total capital turnover	総資本回転率 そうしほんかいてんりつ
total comprehensive income	総包括利益 そうほうかつりえき
total cost	総原価 そうげんか
total costing	全部原価計算 ぜんぶげんかけいさん
total fixed cost	総固定原価 そうこていげんか
total fixed overhead	総固定製造間接費 そうこていせいぞうかんせつひ
total liabilities and equity	負債資本合計 ふさいしほんごうけい
total number of issued shares	発行済株式総数 はっこうずみかぶしきそうすう
total return swap	トータル・リターン・スワップ とーたるりたーんすわっぷ
total variable cost	総変動原価 そうへんどうげんか
trade receivables	営業債権 えいぎょうさいけん
trade secret	営業秘密 えいぎょうひみつ
trademark	商標権 しょうひょうけん
trading derivatives	トレーディング・デリバティブ とれーでぃんぐでりばてぃぶ
trading securities	売買目的有価証券 ばいばいもくてきゆうかしょうけん
traditional approach	伝統的アプローチ でんとうてきあぷろーち
transaction	取引 とりひき
transaction approach	取引アプローチ とりひきあぷろーち
transaction cost	取引コスト とりひきこすと

총자산증가율 chongjasanjeunggayul	总资产增长率 / 总资产增长比例 zǒngzīchǎn zēngzhǎnglǜ/zǒngzīchǎn zēngzhǎngbǐlì
총평균법 chongpyonggyunppop	总平均法 zǒngpíngjūnfǎ
총자본회전율 chongjabonhwaejonnyul	总资本周转率 zǒngzīběnzhōuzhuǎnlǜ
총포괄이익 chongpogwalriik	总综合收益 zǒngzōnghéshōuyì
총원가 chongwonga	总成本 zǒngchéngběn
전부원가계산 jonbuwonkkagyesan	总成本核算 zǒngchéngběnhésuàn
총고정원가 chonggojongwonkka	固定成本总额 gùdìngchéngběnzǒngé
총고정제조간접비 chonggojongjejoganjopppi	固定制造费用总额 gùdìngzhìzàofèiyòngzǒngé
부채와자본총계 buchaewajabonchonggye	负债与权益总额 fùzhàiyǔquányìzǒngé
발행주식총수 balhaengjusikchongsu	已发行股票总数 yǐfāxínggǔpiàozǒngshù
총수익스왑 chongsuiksseuwap	总收益互换 zǒngshōuyìhùhuàn
총변동원가 chongbyondongwonkka	总变动成本 zǒngbiàndòngchéngběn
매출채권 maechulchaekkwon	应收货款 yīngshōuhuòkuǎn
영업비밀 yongopppimil	商业秘密 shāngyèmìmì
상표권 sangpyokkwon	商标权 shāngbiāoquán
단기매매목적 파생상품 dangimaemaemokjjok pasaengsangpum	交易性衍生工具 jiāoyìxìngyǎnshēnggōngjù
거래주식 goraejusik	交易性证券 / 交易性金融资产 jiāoyìxìngzhèngquàn/jiāoyìxìngjīnróngzīchǎn
전통적 접근법 jontongjok jopkkeunbop	传统手法 chuántǒngshǒufǎ
거래 gorae	交易 jiāoyì
거래접근법 goraejopkkeunbop	交易手法 jiāoyìshǒufǎ
거래비용 goraebiyong	交易成本 jiāoyìchéngběn

T

transaction price	取引価格 とりひきかかく
transactions through checking account	当座取引 とうざとりひき
transfer of control	支配の移転 しはいのいてん
transfer of rights	権利譲渡 けんりじょうと
transfer of risks and rewards	リスクと経済価値の移転 りすくとけいざいかちのいてん
transfer of surplus	剰余金振替 じょうよきんふりかえ
transfer voucher	振替伝票 ふりかえでんぴょう
transferable ownership rights	移転可能所有権 いてんかのうしょゆうけん
transferee	譲受人 ゆずりうけにん
transferor	譲渡人 ゆずりわたしにん / じょうとにん
transferred financial assets	譲渡金融資産 じょうときんゆうしさん
transferred receivables	譲渡債権 じょうとさいけん
transfers	振替 ふりかえ
transgression	違反 いはん
translation method	換算方法 かんさんほうほう
translation of the financial statements	財務諸表項目の換算 ざいむしょひょうこうもくのかんさん
translation to the presentation currency	表示通貨への換算 ひょうじつうかへのかんさん
transparency	透明性 とうめいせい
transport costs	輸送費 ゆそうひ
transportation expenses	交通費 こうつうひ
transposition errors	貸借誤記入 たいしゃくごきにゅう

거래가격 goraegagyok	交易价格 jiāoyìjiàgé
당좌거래 dangjwagorae	活期账户交易 huóqīzhànghùjiāoyì
통제의 이전 tongjee ijon	控制权转移 kòngzhìquánzhuǎnyí
권리양도 gwolriyangdo	权利转让 quánlìzhuǎnràng
위험과 보상의 이전 wihomgwa bosange ijon	风险和报酬的转移 fēngxiǎnhébàochoudezhuǎnyí
잉여금대체 ingyogeumdaeche	盈余结转 yíngyújiézhuǎn
분개전표 bungaejonpyo	转账凭证 zhuǎnzhàngpíngzhèng
양도가능주주권 yangdoganeungjujukkwon	可转让所有权 kězhuǎnràngsuǒyǒuquán
인수자 insuja	受让人 shòuràngrén
양도자 yangdoja	转让人 zhuǎnràngrén
양도금융자산 yangdogeumyungjasan	转让的金融资产 zhuǎnràngdejīnróngzīchǎn
양도채권 yangdochaekkwon	转让的应收账款 zhuǎnràngdeyīngshōuzhàngkuǎn
대체 daeche	转账 / 转移 zhuǎnzhàng/zhuǎnyí
위반 wiban	违反 wéifǎn
환산방법 hwansanbangbop	外汇折算方法 wàihuìzhésuànfāngfǎ
재무제표의 환산 jaemujepyoe hwansan	财务报表的折算 cáiwùbàobiǎodezhésuàn
표시통화로의 환산 pyositonghwaroe hwansan	换算为列报货币 huànsuànwèilièbàohuòbì
투명성 tumyongssong	透明度 tòumíngdù
운송원가 unsongwonkka	运输成本 yùnshūchéngběn
교통비 gyotongbi	运输费用 yùnshūfèiyòng
대차기입오류 daechagiiboryu	借贷记反错误 jièdàijìfǎncuòwù

T

treasury remittance order	国庫還付金通知書 こっこかんぷきんつうちしょ
treasury stock	自己株式 じこかぶしき
trend analysis	趨勢分析 すうせいぶんせき
trial balance	試算表 しさんひょう
trial balance before adjustment	決算整理前試算表 けっさんせいりまえしさんひょう
trial balance equation	試算表等式 しさんひょうとうしき
triggering event	兆候事象 ちょうこうじしょう
trust activities	信託業務 しんたくぎょうむ
trust deed	信託証書 しんたくしょうしょ
trustee	管財人 かんざいにん
trustee company	受託会社 じゅたくがいしゃ
turnover ratio	回転率 かいてんりつ

– U –

ultimate controlling party	最終支配当事者 さいしゅうしはいとうじしゃ
unamortized/undepreciated	未償却 みしょうきゃく
unappropriated retained earnings	未処分利益剰余金 みしょぶんりえきじょうよきん
uncertainty	不確実性 ふかくじつせい
uncollectability	回収不能性 かいしゅうふのうせい
uncollectible	回収不能 かいしゅうふのう
uncollectible accounts expense	貸倒引当金繰入額 かしだおれひきあてきんくりいれがく

국고환급금통지서 gukkkohwangeupkkeumtongjiso	国库汇款单 guókùhuìkuǎndān
자기주식 jagijusik	库存股／库藏股 kùcúngǔ/kùcánggǔ
추세분석 chusebunsok	趋势分析 qūshìfēnxī
시산표 sisanpyo	试算平衡表 shìsuànpínghéngbiǎo
수정전시산표 sujongjonsisanpyo	调整前试算平衡表 tiáozhěngqiánshìsuànpínghéngbiǎo
시산표등식 sisanpyodeungsik	试算平衡等式 shìsuànpínghéngděngshì
유인 사건 yuin sakkon	迹象／触发事件／驱动因素 jīxiàng/chùfāshìjiàn/qūdòngyīnsù
신탁 활동 sintak hwalttong	信托业务 xìntuōyèwù
신탁증서 sintakjjeungso	信托契约 xìntuōqìyuē
수탁자 sutakjja	受托人 shòutuōrén
수탁회사 sutakwesa	信托公司 xìntuōgōngsī
회전율 hwaejonnyul	周转率 zhōuzhuǎnlǜ

U

최상위 지배자 chwesangwi jibaeja	最终控制方 zuìzhōngkòngzhìfāng
미상각 misanggak	未摊销 wèitānxiāo
미처분이익잉여금 michobunniingningyogeum	未分配留存收益 wèifēnpèiliúcúnshōuyì
불확실성 bulhwakssilsong	不确定性 bùquèdìngxìng
회수불가능성 hwesubulganeungssong	不可收回性 bùkěshōuhuíxìng
회수불능 hwesubulreung	不可收回 bùkěshōuhuí
대손비용 daesonbiyong	坏账费用 huàizhàngfèiyòng

uncollectible debt	回収不能債権 かいしゅうふのうさいけん
unconfirmed obligations	未確定債務 みかくていさいむ
underestimation	過小評価 かしょうひょうか
underground mining activities	採掘活動 さいくつかつどう
underlying asset	原資産 げんしさん
understandability	理解可能性 りかいかのうせい
undistributed earnings	未分配利益 みぶんぱいりえき
unearned finance income	未稼得金融収益 みかとくきんゆうしゅうえき
unearned interests	前受利息 まえうけりそく
unearned premiums	未経過保険料 みけいかほけんりょう
unearned rent	前受賃借料 まえうけちんしゃくりょう
unearned revenues	前受収益 まえうけしゅうえき
unearned service revenues	前受役務収益 まえうけえきむしゅうえき
unexpired cost	未費消原価 みひしょうげんか
unfinished product	未完成品 みかんせいひん
unguaranteed residual value	無保証残存価値 むほしょうざんぞんかち
uniform accounting policies	統一会計方針 とういつかいけいほうしん
unissued stock theory	未発行株式説 みはっこうかぶしきせつ
unit cost of ending merchandise	期末商品単価 きまつしょうひんたんか
unit of account	会計単位 かいけいたんい
unit of production	生産単位 せいさんたんい

회수불가능 채무 hwesubulganeung chaemu	坏账 huàizhàng
미확정채무 mihwakjjongchaemu	未确认债务 wèiquèrènzhàiwù
과소평가 gwasopyongga	低估 dīgū
갱내채광활동 gaengnaechaegwanghwalttong	地下开采活动 dìxiàkāicǎihuódòng
약정대상 자산 yakjjongdaesang jasan	标的资产 biāodìzīchǎn
이해가능성 ihaeganeungssong	可理解性 kělǐjiěxìng
잔여이익 janyoiik	未分配利润 wèifēnpèilìrùn
미실현이자수익 misilhyonnijasuik	未实现融资收益 wèishíxiànróngzīshōuyì
선수이자 sonsuija	预收利息 yùshōulìxi
미경과보험료 migyonggwabohomnyo	预收保费 yùshōubǎofèi
선수임대료 sonsuimdaeryo	预收租金 yùshōuzūjīn
선수수익 sonsusuik	预收收入 yùshōushōurù
선수용역수익 sonsuyongyokssuik	预收服务收入 yùshōufúwùshōurù
미소멸원가 misomyorwonkka	未耗成本 wèihàochéngběn
미완성제품 miwansongjepum	未完成产品 wèiwánchéngchǎnpǐn
무보증잔존가치 mubojeungjanjongachi	无担保余值 / 无担保残值 wúdānbǎoyúzhí/wúdānbǎocánzhí
동일한 회계정책 dongilhan hwegyejongchaek	一致的会计政策 yīzhì de kuàijì zhèngcè
미발행주식설 mibalhaengjusikssol	未发行股票理论 wèifāxínggǔpiàolǐlùn
기말재고상품단위원가 gimaljaegosangpumdanwiwonkka	期末库存商品单位成本 qīmòkùcúnshāngpǐndānwèichéngběn
회계단위 hwegyedanwi	记账单位 jìzhàngdānwèi
생산단위 saengsandanwi	生产单位 shēngchǎndānwèi

U

unit price	単価
	たんか
unit trust	単位型投資信託
	たんいがたとうししんたく
unit value	基準価額
	きじゅんかがく
unitholder	信託投資家
	しんたくとうしか
units of production method	生産高比例法
	せいさんだかひれいほう
unlisted equity securities	非上場持分証券
	ひじょうじょうもちぶんしょうけん
unlisted securities	非上場証券
	ひじょうじょうしょうけん
unobservable inputs	観察不能インプット
	かんさつふのういんぷっと
unqualified opinion	無限定適正意見
	むげんていてきせいいけん
unquoted equity instruments	非上場資本性金融商品
	ひじょうじょうしほんせいきんゆうしょうひん
unrealized interest income	未実現利息収入
	みじつげんりそくしゅうにゅう
unrealized loss	含み損
	ふくみそん
unrecorded deposit	未記録の預金
	みきろくのよきん
unsecured bonds	無担保債券
	むたんぽさいけん
unsecured corporate bonds	無担保社債
	むたんぽしゃさい
unsettled check	未取立小切手
	みとりたてこぎって
upfront fee	資金調達時支払手数料
	しきんちょうたつじしはらいてすうりょう
upstream transaction	アップストリーム取引
	あっぷすとりーむとりひき
US GAAP	米国会計基準
	べいこくかいけいきじゅん
used amount/used quantity	使用量
	しようりょう
useful information	有用な情報
	ゆうようなじょうほう

단가 dankka	单价 dānjià
단위형 투자신탁 danwihyong tujasintak	单位信托 / 单位信托基金 dānwèixìntuō/dānwèixìntuōjījīn
단위 가치 danwi gachi	单位价值 dānwèijiàzhí
지분보유자 jibunboyuja	信托投资者 / 单位信托基金投资者 xìntuōtóuzīzhě/dānwèixìntuōjījīntóuzīzhě
생산량비례법 saengsannyangbiryeppop	工作量法 gōngzuòliàngfǎ
비상장주식 bisangjangjusik	非上市权益性证券 fēishàngshìquányìxingzhèngquàn
비상장증권 bisangjangjeungkkwon	非上市证券 fēishàngshìzhèngquàn
관측할 수 없는 투입변수 gwancheukal ssu omneun tuipppyonsu	不可观察输入值 bùkěguāncháshūrùzhí
적정의견 jokjjonguigyon	无保留意见 wúbǎoliúyìjiàn
공시가격이 없는 지분상품 gongsigagyogi omneun jibunsangpum	无公开报价的权益工具 wúgōngkāibàojiàdequányìgōngjù
미실현이자수익 misilhyonnijasuik	未实现利息收入 wèishíxiànlìxíshōurù
미실현 손실 misilhyon sonsil	未实现损失 wèishíxiànsǔnshī
미기록예금 migirongnyegeum	未入账存款 wèirùzhàngcúnkuǎn
무담보사채 mudambosachae	无担保债券 wúdānbǎozhàiquàn
무담보회사채 mudambohwesachae	无担保公司债券 wúdānbǎogōngsīzhàiquàn
미인출수표 miinchulsupyo	未兑现支票 wèiduìxiànzhīpiào
선불수수료 sonbulsusuryo	预付费 yùfùfèi
상향거래 sanghyanggorae	顺流交易 shùnliújiāoyì
미국회계기준 migukwegyegijun	美国会计准则 měiguókuàijìzhǔnzé
사용량 sayongnyang	使用量 shǐyòngliàng
유용한 정보 yuyonghan jongbo	有用信息 yǒuyòngxìnxī

U

useful life	耐用年数 たいようねんすう
usefulness	有用性 ゆうようせい
users of financial statements	財務諸表利用者 ざいむしょひょうりようしゃ
utilities expenses	水道光熱費 すいどうこうねつひ
utility model right	実用新案権 じつようしんあんけん

– V –

valuation	評価 ひょうか
valuation account	評価勘定 ひょうかかんじょう
valuation at fair value	公正価値評価 こうせいかちひょうか
valuation at market price	時価評価 じかひょうか
valuation gain	評価益 ひょうかえき
valuation loss	評価損 ひょうかそん
valuation techniques	評価技法 ひょうかぎほう
value	価値 かち
value added tax (VAT)	付加価値税 ふかかちぜい
value estimation	金額見積 きんがくみつもり
value fluctuation	価値変動 かちへんどう
value in use	使用価値 しようかち
value of conversion rights on convertible notes	転換社債の転換権の価値 てんかんしゃさいのてんかんけんのかち
value of employee services	従業員サービスの価値 じゅうぎょういんさーびすのかち

내용연수 naeyongnyonsu	使用年限 shǐyòngniánxiàn
유용성 yuyongssong	有用性 yǒuyòngxìng
재무제표이용자 jaemujepyoiyongja	财务报表的使用者 cáiwùbàobiǎodeshǐyòngzhě
수도광열비 sudogwangyolbi	水电煤气费 shuǐdiànméiqìfèi
실용·신안권 siryongsinankkwon	实用新型权力 shíyòngxīnxíngquánlì

평가 pyongkka	评估 / 估价 pínggū/gūjià
평가계정 pyongkkagyejong	备抵账户 / 计价账户 bèidǐzhànghù/jìjiàzhànghù
공정가치평가 gongjonggachipyongkka	公允价值定价 gōngyǔnjiàzhídìngjià
시가평가 sigapyongkka	市价估值 shìjiàgūzhí
평가이익 pyongkkaiik	评估收益 / 估值收益 pínggūshōuyì/gūzhíshōuyì
평가손실 pyongkkasonsil	评估损失 / 估值损失 pínggūsǔnshī/gūzhísǔnshī
가치평가기법 gachipyongkkagippop	评估技术 / 估值技术 pínggūjìshù/gūzhíjìshù
가치 gachi	价值 jiàzhí
부가가치세 bugagachisse	增值税 zēngzhíshuì
금액 추정 geumaek chujong	价值评估 jiàzhípínggū
가치변동 gachibyondong	价值波动 jiàzhíbōdòng
사용가치 sayonggachi	在用价值 zàiyòngjiàzhí
전환사채의 전환권의 가치 jonhwansachaee jonhwankkwone gachi	可转换票据的转换权价值 kězhuǎnhuànpiàojùdezhuǎnhuànquánjiàzhí
종업원서비스의 가치 jongobwonssobisseue gachi	企业员工服务价值 qǐyèyuángōngfúwùjiàzhí

variable consideration	変動対価 へんどうたいか
variable cost	変動費 へんどうひ
variable costing	変動原価計算 へんどうげんかけいさん
variable manufacturing overhead costs	変動製造間接費 へんどうせいぞうかんせつひ
variation margin	追加証拠金 / 変動証拠金 ついかしょうこきん / へんどうしょうこきん
vehicle registration fee	車両登録費 しゃりょうとうろくひ
vehicles and trasportation equipment	車両運搬具 しゃりょううんぱんぐ
venture business	ベンチャー企業 べんちゃーきぎょう
verbal promise	口約束 くちやくそく
verifiability	検証可能性 けんしょうかのうせい
verification	検証 けんしょう
vesting period	権利確定期間 けんりかくていきかん
violation of borrowings agreement	貸付条件違反 かしつけじょうけんいはん
volume discounts	割戻 わりもどし
voluntary reserve	任意積立金 にんいつみたてきん
voting rights	議決権 ぎけつけん
voucher register	証憑記入帳 しょうひょうきにゅうちょう
voucher systems	バウチャー・システム ばうちゃーしすてむ

– W –

wage	賃金 ちんぎん

변동 대가
byondong daekka

可变对价
kěbiànduìjià

변동비
byondongbi

变动成本
biàndòngchéngběn

변동원가계산
byondongwonkkagyesan

变动成本法
biàndòngchéngběnfǎ

변동제조간접비
byondongjejoganjopppi

变动间接生产成本
biàndòngjiànjiēshēngchǎnchéngběn

추가증거금
chugajeunggogeum

追加保证金 / 价格变动保证金
zhuījiābǎozhèngjīn/jiàgébiàndòngbǎozhèngjīn

차량등록비
charyangdeungnokppi

车辆登记费
chēliàngdēngjìfèi

차량운반구
charyangunbangu

交通运输工具
jiāotōngyùnshūgōngjù

벤처기업
benchogiop

风险企业
fēngxiǎnqǐyè

구두약속
guduyakssok

口头承诺
kǒutóuchéngnuò

검증가능성
gomjeungganeungssong

可验证性
kěyànzhèngxìng

검증
gomjeung

验证
yànzhèng

가득기간
gadeukkkigan

授予期 / 行权期
shòuyǔqī/xíngquánqī

차입약정위반
chaimnyakjjongwiban

违反借款协议
wéifǎnjièkuǎnxiéyì

수량할인
suryangharin

商业折扣
shāngyèzhékòu

임의적립금
imijongnipkkeum

任意公积金 / 任意准备金
rènyìgōngjījīn/rènyìzhǔnbèijīn

의결권
uigyolkkwon

表决权 / 投票权
biǎojuéquán/tóupiàoquán

증빙문서 첨부 기입장
jeungbingmunso chombu giipjjang

付款凭单登记簿
fùkuǎnpíngdāndēngjìbù

증빙문서 첨부 회계처리제도
jeungbingmunso chombu hwegyechorijedo

付款凭单制
fùkuǎnpíngdānzhì

임금
imgeum

工资
gōngzī

W

wage earner	給与所得者 きゅうよしょとくしゃ
wages payable	未払賃金 みはらいちんぎん
warrant	新株予約権 / 新株引受権 しんかぶよやくけん / しんかぶひきうけけん
wash sale	仮装売買 かそうばいばい
waterfall structure	ウォーターフォール構造 うぉーたーふぉーるこうぞう
wear and tear	損耗 そんもう
weather derivatives	天候デリバティブ てんこうでりばてぃぶ
weighted average cost of capital (WACC)	加重平均資本コスト かじゅうへいきんしほんこすと
weighted average number of ordinary shares outstanding	加重平均流通普通株式数 かじゅうへいきんりゅうつうふつうかぶしきすう
weighted average number of ordinary shares outstanding during the period	期中加重平均発行済普通株式数 きちゅうかじゅうへいきんはっこうずみふつうかぶしきすう
weighted average remaining contractual life	加重平均残存契約年数 かじゅうへいきんざんぞんけいやくねんすう
wholesaler	卸売業 おろしうりぎょう
willing parties	自発的当事者 じはつてきとうじしゃ
window dressing	粉飾 ふんしょく
withdrawal	出金 / 引出し / 払戻し しゅっきん / ひきだし / はらいもどし
withholding	源泉徴収 げんせんちょうしゅう
work in process	仕掛品 しかかりひん
worker	作業者 さぎょうしゃ
working capital	運転資本 うんてんしほん
working period	勤続期間 きんぞくきかん
worst-case scenario	最悪の事態 さいあくのじたい

근로소득자 geulrosodeukjja	雇佣劳动者 gùyōng láodòng zhě
미지급임금 mijigeumnimgeum	应付工资 yìngfugōngzī
신주예약권 / 신주인수권 sinjuyeyakkkwon/sinjuinsukkwon	认股权证 rèngǔquánzhèng
자전거래 jajongorae	虚假交易 xūjiǎjiāoyì
워터폴 구조 wotopol gujo	瀑布结构 pùbùjiégòu
마모나 손상 mamona sonsang	损耗 sǔnhào
기후파생상품 gihupasaengsangpum	天气衍生品 tiānqìyǎnshēngpǐn
가중평균자본비용 gajungpyonggyunjabonbiyong	加权平均资本成本 jiāquánpíngjūnzīběnchéngběn
가중평균유통보통주식수 gajungpyonggyunnyutongbotongjusikssu	流通在外普通股的加权平均数 liútōngzàiwàipǔtōnggǔdejiāquánpíngjūnshù
기중가중평균유통보통주식수 gijunggajungpyonggyunnyutongbotongjusikssu	当期流通在外普通股加权平均数 dāngqíliútōngzàiwàipǔtōnggǔjiāquánpíngjūnshù
가중평균잔존계약연수 gajungpyonggyunjanjongyeyangnyonsu	加权平均剩余合同寿命 jiāquánpíngjūnshèngyúhétongshòumìng
도매업 domaeop	批发商 pīfāshāng
거래의사가 있는 당사자 goraeuisaga inneun dangsaja	自愿当事人 zìyuàndāngshìrén
분식 bunsik	报表粉饰 bàobiǎofěnshì
출금 chulgeum	提款 tíkuǎn
원천징수 wonchonjingsu	预扣税 yùkòushuì
재공품 jaegongpum	在产品 zàichǎnpǐn
작업자 jagopjja	工人 gōngrén
운전자본 unjonjabon	营运资金 yíngyùnzījīn
근로기간 geulrogigan	工作期间 gōngzuòqījiān
상황이 최악인 시나리오 sanghwangi chweagin sinario	最坏情况 zuìhuàiqíngkuàng

W

| write-off | 評価減
ひょうかげん |

- Y -

year-over-year basis	前年同期比 ぜんねんどうきひ
year-to-date	年初来 ねんしょらい
yield	収益率 しゅうえきりつ
yield curves	イールド・カーブ いーるどかーぶ

- Z -

Zaibatsu/Chaebol	財閥 ざいばつ
zero-cost interest rate collar	ゼロコスト金利カラー ぜろこすときんりからー
zero-coupon government bond	割引国債 わりびきこくさい

감액
gamaek

减记 / 销账
jiǎnjì/xiāozhàng

전년동기대비
jonnyondonggidaebi

与去年同期比
yǔqùniántóngqībǐ

누적중간기간
nujokjjunggangigan

年初至今
niánchūzhìjīn

수익률
suingnyul

收益率
shōuyìlǜ

수익률곡선
suingnyulgoksson

收益率曲线
shōuyìlǜqūxiàn

재벌
jaebol

财阀
cáifá

이자율칼라를 무상으로 취득하는 경우
ijayulkalrareul musangeuro chwideukaneun gyongu

零成本利率双限期权
língchéngběnlìlǜshuāngxiànqīquán

무이표국공채
muipyogukkkongchae

零息国债
língxīguózhài

索 引

− 日本語索引 −

日

日

日

- 韓国語索引 -

韓

韓

韓

韓

- 中国語索引 -

【著者紹介】

浦崎直浩（URASAKI Naohiro）
　（編著者紹介参照）

金　鐘勲（KIM Jong-Hoon）
　専修大学商学部 准教授
　博士（商学）（一橋大学）
　主要業績　"Interaction Effect of Foreign Language and Obedience Pressure on Ethical Judgment in Accounting: Evidence from Japan," *Journal of International Accounting Research*, 22 (1), 83-98, 2023（共著），"The Value and Credit Relevance of IFRS versus JGAAP Accounting Information," *Hitotsubashi Journal of Commerce and Management*, 53 (1), 31-48, 2020（共著），「IFRS任意適用企業の特性」『会計プログレス』20, 78-94, 2019年（共著）

朱　愷雯（ZHU Kaiwen）
　沖縄大学経法商学部 准教授
　博士（商学）（近畿大学）
　主要業績　「中小企業向け会計と税務との親和性に関する研究―中国小企業会計準則を中心として―」『地域研究』第28号，1-16，2022年（単著），「会計用語の日中対訳に関する研究」『沖縄大学経法商学部紀要』第2号，29-40，2021年（単著），「中小企業会計における収益認識」『沖縄大学法経学部紀要』第31号，1-12，2019年（単著）

都　相昊（도　상호，DO Sangho）
　啓明大學校經營大學 教授
　Ph.D. University of Pittsburgh
　主要業績　『芸術で解き明かした会計―心で理解する―（Artfull Accounting, Accounting in Art）』図書出版青藍，2020年（共著）〔世宗図書学術部門選定〕，『管理会計研究と心理学模型の活用』図書出版青藍，2016年（共訳）〔韓国国際会計学会優秀著書選定〕，"A similarity strategy for decisions involving sequential events", *Accounting, Organizations and Society*, vol.19, issue 4-5, 439-459, 1994（共著），他共著書・論文多数

路　暁燕（LU Xiaoyan）
　中山大学管理学院 副教授
　管理学（会計学）博士（中山大学）
　主要業績　Xiaoyan Lu, Manni Zheng, "Policy uncertainty and corporate innovation in a transitional economy: evidence from China", *Asia-Pacific Journal of Accounting & Economics*, 2021, DOI: 10.1080/16081625.2021.1987937. Karen Jingrong Lin, Xiaoyan Lu (corresponding author), Junsheng Zhang, Ying Zheng, "State-owned enterprises in China: A review of 40 years of research and practice," *China Journal of Accounting Research*.13(1), 31-55, 2020. Hui Ding, Xiaoyan Lu (corresponding author), Ying Zheng, "Globalization and firm‐level cost structure", *Review of International Economics*, 27, 1040-1062, 2019.

【編著者紹介】

浦崎直浩（URASAKI Naohiro）
　近畿大学経営学部 教授
　博士（経営学）（神戸大学）
　主要業績　『公正価値会計』森山書店，2002年（単著）〔日本会計研究学会太田・黒澤賞受賞（2003年）〕，『中小企業の会計監査制度の探究―特別目的の財務諸表に対する保証業務―』同文舘出版，2017年（編著），"Institutions and accounting standard transformation: Observations from Japan", *China Journal of Accounting Research*, Volume 7 Issue 1, 51-64, March 2014（単著），他共著書・論文多数

2023年5月10日　初版発行　　　　　　　　略称：英日韓中会計辞典

英・日・韓・中 [対訳] ビジネス会計用語辞典

編 著 者　Ⓒ　浦 崎 直 浩

発 行 者　　　中 島 豊 彦

発行所　同 文 舘 出 版 株 式 会 社
　東京都千代田区神田神保町1-41　　〒101-0051
　営業 (03) 3294-1801　　編集 (03) 3294-1803
　振替 00100-8-42935　　http://www.dobunkan.co.jp

Printed in Japan 2023　　製版：朝日メディアインターナショナル
　　　　　　　　　　　　印刷・製本：三美印刷
　　　　　　　　　　　　　　　　装丁：オセロ

ISBN978-4-495-21047-2